El Manifiesto

del Profesional Independiente

11 Grandes Ideas para sobresalir y prosperar

Segunda edición

Steve Roller

El Manifiesto del Profesional Independiente

11 Grandes Ideas para sobresalir y prosperar

Segunda edición

Publicación Grandes Ideas, LLC

Traducido por Nixon Chamorro Melo,
mellnixon@hotmail.com

Diseño de portada por Authority Fusion, Inc.
www.DougCrowe.com

Foto de Steve Roller (contraportada) por Justice Media

Diseño y publicación, Dwight Clough, DwightClough.com

ISBN: 978-1-7342762-1-3

Antes de continuar...

¡Obtenga acceso instantáneo absolutamente GRATIS!

Como agradecimiento por comprar El Manifiesto del Profesional Independiente, me gustaría entregarle su descarga inmediata del libro.

Steve Roller

Visite www.freelancermanifesto.com este momento para registrar su libro.

Usted obtendrá una descarga electrónica del libro, la versión audio viene después del lanzamiento, más otras bonificaciones gratuitas.

Inspiración

Este libro está dedicado a Emida, el amor de mi vida. Gracias por permitirme viajar a tierras lejanas para explorar, pensar y escribir…Me alegra que hayamos hecho la mayoría de los viajes juntos, y espero con ansias poder hacer muchos más. Me has dado el mundo y tengo la intención de pasar el resto de mis días devolviéndotelo.

Para Alex, Solomon, Sapphina y Zaria, los amo con todo mi corazón. Estoy constantemente sorprendido por sus dones creativos, y no puedo esperar a ver lo que cada uno de ustedes hace con ellos.

A mi papá, Wayne Roller. Quien me inculco una ética laboral disciplinada a medida que crecía. Ver su devoción a su familia, su trabajo, su fe y su carrera (junto a mí en la década de 1980) me dio un fundamento que llevo conmigo hasta el día de hoy. Espero ser el mismo tipo de padre y el abuelo que tú eres, algún día. GRACIAS PAPÁ.

A mi madre, Judy Roller. Quien me enamoró de la lectura, la escritura, la enseñanza y los viajes. No creo que yo hubiera partido para Europa a los 22 años, casarme con una chica de Nigeria a los 30 años, o llegar a ser escritor a los 37 años si no fuera por ti. Te vi abrazar otras culturas con tus años de enseñanza de inglés como segundo idioma, y estoy tratando de hacer lo mismo.

Finalmente, a mi abuela, Delphine Schmitz, quien cumplió 102 años el 25 de abril de 2019. Al momento de escribir este libro, ella todavía continúa fuerte. A la edad de 95 años, se convirtió en autora publicada, cuando su artículo fue impreso en la revista miembro de Catholic Knights, prueba de que nunca es demasiado tarde para comenzar.

Contenido

Prefacio

Steve Roller es un hombre en una misión.

Como fundador de Café Writer, ha ayudado a miles de personas a convertir sus habilidades de escritura en proyectos de calidad y negocios rentables.

Sin embargo, ha notado una tendencia desconcertante últimamente.

Mientras que muchas personas participan activamente en su grupo en línea—haciendo preguntas e intercambiando consejos—él ha notado un cierto número de autodenominados "merodeadores".

Dichos "merodeadores" parecen apreciar ser parte de la comunidad... pero no actúan.

Lo cual es una pena, porque *cuando no hay acción, no hay servicio.*

Y escribir se trata de servir.

De hecho, si hay algo que aprendí como Director Ejecutivo de la mundialmente reconocida Conferencia de Escritores Maui durante 17 años, es lo siguiente:

Así como hay líderes que sirven, hay escritores que sirven.

Steve es un ejemplo ambulante de un líder y un escritor comprometido.

Y en esta edición actualizada del *Manifiesto del Profesional Independiente*, muestra cómo ganar dinero como escritor y hacer que la escritura sea un acto de servicio.

Él va más allá de sus "11 Grandes Ideas" originales sobre cómo destacarse en su industria y prosperar, muestra la manera de abordar el negocio de la escritura, de una forma nueva y más holística.

Pablo Picasso dijo: "El propósito de la vida es encontrar tus dones; el significado es regalarlos".

No servimos a nadie reteniendo nuestros dones.

Las ideas, las historias y los libros en nuestras cabezas no ayudan a nadie.

Si usted siempre ha querido escribir—o si alguna vez se ha preguntado si podría ganarse la vida escribiendo—este libro es para usted.

Espero que lea *El Manifiesto del Profesional Independiente* y tome muchas notas. Más importante aún, espero que tome en consideración las recomendaciones paso a paso.

Le prometo—también Steve lo hace—que nunca se arrepentirá de haber ofrendado sus talentos de escritor al mundo—solo se arrepentirá de no haberlos obsequiado antes.

Ahora el turno de hacer una promesa es suyo. (Sonría.)

No más al acecho. Solo escriba. ¿De acuerdo?

Sam Horn, autor de ¡POP!, ¡Tongue Fu!, y SOMEDAY (algún día) no es un día de la semana.

Introducción

El trabajo independiente es difícil

No permita que nadie le diga que no lo es.

Cuando alguien le diga: "Es fácil", "cualquiera puede hacerlo" o peor aún: "Será divertido", le está engañando.

No es nada fácil. La mayoría de la gente no puede hacerlo. Y no es divertido hasta que uno comienza a ganar mucho dinero, lo que generalmente lleva unos cuantos años (y algunas personas nunca lo logran).

Hay un lado oscuro del trabajo independiente del que a nadie le gusta hablar.

Los especialistas en márquetin que le venden programas y sistemas diseñados para ayudarlo a vivir un estilo de vida, el estilo de vida de los profesionales independientes, ciertamente no quieren contarle nada al respecto.

Si ellos lo hicieran, afectaría mucho a sus ventas.

Otros autónomos tampoco quieren hablar sobre el lado oscuro del trabajo independiente. ¿Por qué no? Pues es vergonzoso admitir que su estilo de vida elegido no está funcionando como lo planearon.

¿Cuál es la razón por la que escucha las mismas historias de profesionales independientes una y otra vez? Porque son poco frecuentes.

¿Y las que son legítimas?

Por lo general, hay mucho más en sus historias de lo que ellos cuentan.

De la Oscuridad a la Luz

Entonces, ¿Cuál es el lado oscuro del trabajo independiente?

Si la práctica independiente no es todo lo que se supone que es, ¿por qué tanta gente abandona su empleo y se lanza al autoempleo y al trabajo independiente?

El lado oscuro del trabajo independiente es la realidad. Mi realidad, como alguien que ha sido independiente durante más de 30 años. De 1986 a 2003 estuve en ventas directas y he sido redactor desde 2004.

No estoy produciendo millones (todavía), pero he forjado una carrera muy exitosa tanto en ventas como en redacción.

A lo largo del camino, he descubierto la oscuridad bajo la cubierta del trabajo independiente, tropecé y me abrí camino a través de los desafíos (con la ayuda de otros), y emergí victorioso.

Yo trabajo según mis términos, paso tiempo con mi esposa y mis cuatro hijos, vivo en un vecindario agradable y gano un dinero decente.

También viajo mucho, y llevo mi trabajo conmigo cuando lo hago. De hecho, escribí este libro mientras estaba en un año sabático en Sudamérica. Escapar de todo un invierno de Wisconsin fue una buena bonificación adicional.

¡Libertad de estilo de vida, nena! Para mí es más importante que el dinero.

Ambos han sido buenos y la vida es maravillosa, pero no fácil. Tendrá que trabajar duro y laborar mucho para lograrlo como profesional independiente.

El lado oscuro del trabajo autónomo es también la realidad de muchos otros trabajadores independientes que conozco.

Escritores, redactores, publicistas de contenido, diseñadores gráficos, desarrolladores de sitios web, empresarios, escritores de viajes, vendedores independientes, consultores y entrenadores operan en este ámbito.

¿Está listo para dejar su huella?

Como fundador de Café Writer, un popular sitio web y grupo de Facebook de miles de escritores, pequeños empresarios y emprendedores, y de Café Back Room, una comunidad de membresía pagada, he tenido la oportunidad de asesorar a 1.100 propietarios de negocios uno a uno desde 2011.

Muchos de ellos han tenido gran éxito. Pero le sorprendería lo que la gente le dice en un ambiente privado. He oído lo bueno, lo malo y lo feo.

No usaré nombres en mi libro, pero describiré situaciones para que usted sepa en qué se está metiendo (o ya está inmerso).

Lo más importante, le mostraré cómo superar el lado oscuro de ser independiente.

¡De eso se trata este libro!

El Manifiesto del Profesional Independiente le dará respuestas si usted…

- Está cansado de trabajar para "el hombre"
- No encaja en el estilo de vida corporativo
- Quiere ser capaz de vivir la vida a su manera
- Como la idea de trabajar para usted mismo

- Tener un negocio propio (o una idea para uno) y querer hacerla más rentable

- Dese cuenta de que los buenos trabajos asalariados están desapareciendo...

- Tener una racha de independencia y saber que preferiría no tener un jefe

En otras palabras, si quiere trabajar para usted mismo, establezca un negocio del que pueda estar orgulloso y ganar un buen dinero en el proceso, usted está en el lugar correcto.

En el transcurso de este libro, en **21 Capítulos con ideas fáciles de poner en práctica**, que no se escuchan en ningún otro lugar; expondré una forma diferente de enfocar el estilo de vida de los autónomos.

Usted obtendrá 11 Grandes Ideas para superar el lado obscuro, sobresalir y prosperar.

Siga adelante, mantenga una mente abierta a ideas contrarias, y tome medidas.

Use este libro como su guía para crear el estilo de vida independiente que se merece. Está disponible para aprovecharlo.

[Renuncia legal: No soy abogado ni contador público, y lo siguiente no constituye un consejo legal o jurídico. Es simplemente una forma de operar que ha funcionado muy bien para mí y para otros que he asesorado. Por favor, consulte a consejeros profesionales legales, financieros y fiscales antes de lanzar su negocio de forma independiente].

Una cosa más antes de sumergirnos...

Por qué hago lo que hago

Una semana antes de la Navidad de 2009, Emida, mis hijos y yo llegamos a la puerta de la casa de la madre de Emida en la ciudad de Benin, Nigeria. Eran las 11:00 pm y la residencia estaba oscura.

Habíamos viajado de Madison a Chicago en autobús, de Chicago a Estambul en la aerolínea Turkish, de Estambul a Lagos al día siguiente, de Lagos a la ciudad de Benin en avioneta, y luego el viaje más angustioso en taxi a través del demencial tráfico nocturno que jamás haya experimentado.

Por el resto de mi vida no olvidaré jamás, la alegría en el rostro de Iye (como le llamamos a mi suegra) cuando abrió la puerta y nos vio ahí de pie. Iye estaba tan emocionada y sorprendida de que finalmente hayamos hecho el viaje, y no podía creer que estuviéramos en su casa.

Como puede ver, después de que Emida y yo contrajéramos matrimonio, hace ya once años hasta ese entonces, yo no fui capaz de organizar aquel viaje anteriormente. Como empleado, nunca conseguí tomarme más de dos semanas seguidas de vacaciones. Como autónomo, finalmente pude, y lo hice.

Yo seré un profesional independiente de alguna manera, por el resto de mi vida, porque ahora trabajo por *cuenta propia.*

Cuando quiero viajar a cualquier lugar, lo hago. Cuando quiero visitar a las personas que me importan, lo hago. He podido establecer un negocio, escribir libros, ver crecer a mis hijos y conocer el mundo, todo mientras hago una cantidad considerable de dinero, gracias al trabajo independiente.

Esto es lo que me impulsa. No puedo pensar en un mejor estilo de vida y esto también, lo quiero para usted.

Parte I: Realidad: 11 cosas de las que nadie quiere hablar

Capítulo 1: La economía del trabajo temporal llegó para quedarse

Se nos viene un tsunami de trabajo independiente, y no hay nada que podamos hacer para detenerlo.

¿Montará la ola, la mirará desde la orilla, o será derribado por ella?

La Oficina de Estadísticas Laborales informó en julio de 2019 que 16 millones de estadounidenses trabajaban por cuenta propia. La compañía de software de contabilidad en la nube Freshbooks pronostica que otros 27 millones de trabajadores irán por la ruta del autoempleo en los próximos dos años. "Ya sea que el cambio ocurra o no a este ritmo, está claro que la mentalidad del trabajador americano ha cambiado", dijo el director general de Freshbooks Mike McDerment.

Los milenios están manejando el cambio. El 42 por ciento de la afluencia esperada de autónomos vendrá de ese rango de edad, según la encuesta. Los trabajadores mayores también van por este camino, y quienes lo hacen se alegran de haberlo hecho. En general, el 97% de los encuestados dice que nunca volverán a un trabajo tradicional.

Se llama la "economía del trabajo temporal", un término acuñado en el apogeo de la crisis financiera a principios de 2009. Un gran número de los nuevos desempleados se ganaban la vida haciendo encargos o trabajando en varias labores a tiempo parcial, donde podían.

Sorprendentemente, el 89 por ciento de los estadounidenses aún no está familiarizado con el término "economía del trabajo temporal", dijo en mayo de 2016 el centro de investigación Pew.

¿Están viviendo en una caverna?

Supongo que, si está leyendo esto, no sólo está familiarizado con la economía del trabajo temporal, sino que también se está beneficiando de ella.

Eso espero, porque está creciendo cada vez más.

Y está separando aún más, a los que tienen de los que no tienen en el mundo digital.

Algunos titulares recientes:

"Trabajar en la economía del trabajo temporal es deseable y detestable" (Fortune.com)

"La economía del trabajo temporal está arrasando con la clase media" (alternet.com)

"La economía del trabajo temporal se viene. Probablemente no le guste." (The Boston Globe)

"No hay más trabajos en la nueva 'economía del trabajo temporal." (New York Post)

Las noticias no son del todo malas:

"La economía del trabajo temporal: La fuerza que podría salvar al trabajador estadounidense" (Curioso)

"Exclusivo: Ver cuán grande es la economía del trabajo temporal" (Tiempo)

"La economía del trabajo temporal es excelente para la economía de EE.UU." (realclearmarkets.com)

¿Lo cual es? entonces, ¿bueno para nosotros los independientes? ¿O malo?

Ambas.

Si todo fuera un lecho de rosas no estaría escribiendo este libro y tomando Mai Tais en la playa con mi portátil.

¿La buena noticia sobre la economía del trabajo temporal y el convertirse en autónomo? ¡Cualquiera puede unirse!

¿La mala noticia? ¡Cualquiera puede unirse!

Tenemos que reconocer que la economía del trabajo temporal está aquí para quedarse, ¿de acuerdo?

Asumiendo que usted aún no es rico de forma independiente y que va a tener que trabajar durante los próximos 10, 20 o 30 años, debe tomar una decisión.

¿Se une o no?

Está leyendo el Manifiesto del Profesional Independiente, entonces usted está un paso adelante en el juego.

Va a obtener los verdaderos resultados acerca del trabajo por cuenta propia, y descubrirá las dificultades que hay que evitar.

Lo más importante, es que usted también obtendrá 11 Grandes Ideas para superar estos escollos (El lado obscuro).

Tengo una idea. Una especie de idea radical.

Pongamos de cabeza este modelo independiente.

Esto es lo que quiero decir, y quédese conmigo durante 60 segundos…

Todo esto se trata de la oferta y la demanda. Me especialicé en economía en la Universidad de Wisconsin-Madison a finales de los 80s, y los principios de la economía se han quedado conmigo.

24

Todo en los negocios gira en torno a la oferta y la demanda.

La oferta y la demanda determinan el precio que usted puede obtener por sus servicios, ya sea que tenga o no un negocio viable, y cuánto tiempo usted podrá mantener un modelo de negocio particular.

Digamos que usted es un redactor independiente especializado en escribir guiones de video explicativos. Usted es uno de los pocos realmente buenos. Usted se ha hecho un nombre por sí mismo, y en su trabajo obtiene resultados.

Las grandes compañías que lo contratan lo tienen bajo contrato extraoficial. Usted es rápido escribiendo, así que usted es capaz de ganar un dinero razonable, unos $600-700 por día cuando se presiona a usted mismo.

Pero está, de alguna manera limitado, porque son ellos quienes consiguen los clientes, no usted. Y ahora que otros redactores han escuchado sobre este estupendo negocio, hay muchos más escritores de guiones de video explicativos que incluso un par de años atrás.

Si no cambia su modelo de negocio, tal vez creando su propia empresa de producción completa y desarrollando un sistema de márquetin para atraer a los clientes, probablemente su potencial de ingresos se reducirá en los próximos años. Tal vez más pronto.

¿Tiene sentido?

Aquí está otro ejemplo.

Jill tomó un curso de redacción en línea y luego colgó su placa como una "redactora publicitaria independiente".

De hecho, era una buena redactora para ser una principiante, pero no tan buena comercializadora.

Entonces, como cientos o miles de otros redactores independientes, ella comenzó a solicitar trabajo en lugares como Upwork.

No hay nada de malo en ello, de hecho, yo empecé en Elance y conseguí un trabajo regular allí durante casi un año. En realidad, tuve un cliente mensual durante ocho años que surgió allí en febrero de 2010.

¿El problema con este enfoque?

Jill está haciendo fila con cientos de otros redactores similares. Ella va a donde hay mucho trabajo, seguro. Pero la oferta supera la demanda.

Hay más redactores independientes que buscan trabajo allí que los clientes que contratan publicistas.

De tal manera que, es una carrera hacia el fondo. En otras palabras, para "ser elegido", los redactores se sub cotizan unos a otros.

Aunque los clientes no siempre buscan al proveedor de precios más bajos, aun así, se convierte en un distrito de segunda categoría.

Es realmente un espectáculo triste. Cientos de redactores publicitarios, arrastrándose a los pies de las personas que podrían necesitar sus servicios, prácticamente diciendo: "¡elígeme, elígeme!" con voz débil.

No todo junto es diferente a ir a una gran feria de trabajo donde 40-50 clientes se presentan, buscando un nuevo talento publicitario.

Mientras tanto, los clientes son superados por los redactores en casi diez a uno, y no necesariamente van a contratar a alguien nuevo de todos modos. Después de todo, ya tienen sus propios redactores.

La escena de citas en línea es similar, o eso me han dicho.

El sujeto típico se registra en eHarmony.com o Match.com y llena su perfil, como un redactor que se lanza en la contienda en Upwork, con ansias de empezar.

No me importa cuán genial sea su foto de perfil o cómo se lea su biografía. Las probabilidades están en su contra.

Es un juego de números, al puro estilo de la oferta y la demanda. Donde hay pocas posibilidades de realmente sobresalir.

(Aparte—a menudo he pensado en utilizar mis habilidades de redacción para ayudar a los románticos obstinados en estos sitios de citas y aumentar sus probabilidades de éxito. Hay tiene una idea gratis para usted).

Ahora, vamos a darle un giro a ese modelo independiente.

En lugar de ir directamente a Upwork y competir con las masas, Jill decide dar un paso atrás y presentarse a sí misma como la profesional del márquetin de la calle principal.

En lugar de ir tras los clientes como todo el mundo lo hace, Jill toma la comercialización de respuesta directa y la empaqueta de tal manera que el pequeño negocio local promedio pueda entenderla y utilizarla.

Su público objetivo es cualquier negocio pequeño o mediano que invierta una cantidad decente de dinero en publicidad.

Ellos no tienen el presupuesto para contratar una agencia de publicidad o para tener un equipo de márquetin interno. Ni siquiera han pensado en contratar a un redactor independiente, y puede que ni siquiera sepan lo que es un redactor. (Una razón para evitar el término.)

Piense en los negocios que colocan un anuncio en las páginas amarillas, un anuncio de espacio regular en el periódico local o un lugar en el afiche atlético del equipo local de la escuela secundaria (más como una donación que como un anuncio, por supuesto).

Ellos han gastado dinero en Val-Pak, y las agencias de publicidad digital probablemente los están bombardeando (y confundiendo) con promesas de riqueza publicitaria en Facebook.

Es una gran oportunidad para que Jill juegue contra todas esas cosas.

Ella es la publicista profesional de la calle principal que viene a su rescate.

¿Ve la diferencia? La Jill trabajadora contra la Jill publicista profesional de la calle principal. No hay comparación.

La oferta y la demanda, mi amigo.

La marca. Posicionamiento. Hacer las cosas de manera diferente. Sobresalir.

Se necesita un poco de mentalidad contraria.

¿Está usted conmigo?

Usted está en un viaje desenfrenado.

Tengo algunos mitos más para exponer, vacas sagradas para matar, y algunas falsas verdades que decir y travesías de márquetin para "salir" primero.

Antes que lleguemos a la luz, necesito profundizar muy brevemente en el lado osbcuro.

Si usted tan sólo supiera qué evitar, ¿verdad?

En conclusión: La economía del trabajo temporal llegó para quedarse.

Usted y yo vamos a ser parte de ello, probablemente junto con 1.3 billones de personas en todo nuestro gran planeta.

Aprovechémoslo al máximo.

Reclamemos nuestra parte, construyamos un verdadero nego-cio y pongamos de cabeza este modelo la de oferta y la deman-da en la economía del trabajo temporal.

¿Preparados?

Primero tengo que hacer unas cuantas confesiones…

Capítulo 2: Confesiones de un (antiguo) redactor publicitario despistado

El 31 de marzo de 2009, me di un gran voto de confianza.

En medio de la peor recesión desde la gran depresión, renuncié a un empleo bien remunerado. Después de incursionar en el mundo del trabajo independiente a tiempo parcial durante cinco años, dejé para siempre Corporate America.

Tenía cuatro hijos en la escuela y mi esposa que también era una clase de profesional independiente creativa (ella es una artista de murales.)

Pues, sí, un escritor y una artista sin planes discernibles de ingresos estables en un futuro cercano. Un cliente regular cada mes entre los dos. No hay beneficios. No hay muchos ahorros.

Una jugada inteligente, ¿eh?

Todos nuestros amigos y familiares sentían pena por nosotros, y creo que secretamente planeaban hacer una colecta para nosotros en el día de Acción de Gracias de ese año.

Me alegra decir que no lo necesitábamos.

Aunque no alcancé la codiciada marca de seis cifras en mi primer año, o en el segundo, todo salió bastante bien.

Gané más en mi primer año completo como redactor independiente que en el último año en mi trabajo corporativo. Estoy mucho más allá ahora, y nunca he mirado hacia atrás.

Nos tomamos tres semanas libres en 2009 para visitar a la familia de mi esposa en Nigeria. Pasamos un mes en Ecuador en el verano de 2011, y nueve semanas más en 2014. En 2016 volví a Ecuador para un sabático en solitario durante diez semanas.

En los últimos diez años me he tomado unos 18 meses para viajar. Es una de las principales razones por las cuales me convertí en un redactor independiente.

Le digo todo esto porque realmente creo que, si yo puedo hacerlo en grande, usted también puede.

Hora de la Confesión

Mire, yo lo hice a pesar de ser bastante despistado, y espero que mi experiencia le permita ver que soy una persona normal. Tropecé y cometí muchos errores, pero aprendí lo suficiente como para tener una vida digna.

Y lo hice de una manera poco ortodoxa. Usted no tiene que seguir los consejos generales. De hecho, probablemente no debería seguir las recomendaciones ordinarias. Está dirigido a las masas, y es un enfoque del mismo molde.

No importa qué tipo de profesional independiente es usted, entenderá de lo que estoy hablando.

Soy un redactor publicitario, y muchos de los ejemplos que utilizo en el Manifiesto del Profesional Independiente se refieren a los redactores publicitarios autónomos.

Pero las mismas ideas se aplican a diseñadores gráficos independientes, creadores de sitios web, escritores fantasmas, blogueros, fotógrafos, autores, traductores, profesores de inglés, asistentes virtuales, entrenadores personales, instructores de acondicionamiento físico, desarrolladores, codificadores, músicos, guías turísticos y escritores de viajes.

Si ha decidido que la vida corporativa no es para usted, este libro es para usted. Si considera que el cubículo de la oficina y la conformidad son demasiado sofocantes, este libro es para usted. Y si está dispuesto a triunfar como emprendedor, este libro es definitivamente para usted.

¿Listo para sumergirse? Aquí están siete ideas para comenzar, junto con siete conclusiones que le ayudarán a forjar su propio camino:

1. Yo pensaba que los clientes iban a venir a mí.

Realmente lo hice. Pensé que todo lo que tenía que hacer era tomar un curso de redacción o leer algunos libros, practicar un poco, imprimir algunas tarjetas de presentación, crear un sitio web, y esperar a que el teléfono empezara a sonar.

Delirante, ¿verdad? Al igual que cuando tenía 12 años y pensé que algún día iba a jugar béisbol en grandes ligas.

En la industria de la redacción, había oído hablar de todos estos redactores de seis cifras y simplemente asumí que yo también me convertiría mágicamente en uno ellos, de inmediato.

Quizá haya escuchado el mismo tipo de historias de éxito en su área de especialidad. La cuestión es que, para todos los que ve que lo hacen en grande, probablemente hay diez o veinte que no lo logran en absoluto.

Pues bien, esta es la cuestión. La ilusión está bien siempre y cuando vaya acompañada de algunas estrategias de publicidad inteligentes.

Lo primero que hice fue decirles a todos aquellos que yo sabía que eran clientes potenciales, que yo era un redactor publicitario (lo cual normalmente tenía que explicar en términos simples).

Y cuando me preguntaron: "¿Haces tú—?" (copias del sitio web, páginas de destino, folletos, márquetin por correo electrónico, etc.), la respuesta fue siempre "Sí". Lo aprendí a medida que progresaba. Siempre y cuando supiera más que el cliente y pudiera ayudarles a aumentar sus ventas, eso era todo lo que importaba.

Aporte: Usted puede no tener idea sobre márquetin, pero asegúrese de elegir al menos una cosa simple y hacerla una y otra vez.

En mi caso, esa simple cosa era mantener los oídos y los ojos abiertos para negocios potenciales donde quiera que fuera, y no tener miedo de hacer preguntas sugestivas.

2. No elegía un nicho de mercado

La mayoría de los expertos dicen que hay que especializarse desde el principio. "Nadie quiere trabajar con un generalista" es la razón común que se da.

Estoy de acuerdo. Es más fácil conseguir clientes si usted se establece en un nicho en particular de mercado.

El problema es que en realidad usted no es un experto al principio, incluso si se atribuye ese título (como lo hacen muchas personas en estos días).

Yo pude haberme llamado a mí mismo especialista en redacción financiera porque estaba interesado en esa área. Pero cuando un cliente puede elegir entre un verdadero experto en redacción financiera como Clayton Makepeace, John Forde o Mike Palmer, no estoy a su altura.

Lo que hice, y lo que le recomiendo que haga, es encontrar una brecha. En otras palabras, busque dónde puede posicionarse en el mercado. Averigüe dónde puede aplicar sus habilidades, donde realmente haya demanda y tal vez no haya suficiente "oferta".

Por ejemplo, considero que es difícil llamarse a sí mismo un redactor innato de la salud (aun cuando haya aprendido ese nicho de mercado rápidamente), llamar a una compañía como Rodale o Boardroom, la cual contrata a redactores de nivel A, y hacer que se fijen en usted o que le den una oportunidad.

Sin embargo, usted podría llamarse a sí mismo un redactor innato de la salud, buscar una empresa emergente en línea o una tienda local de alimentos saludables, y empezar a redactar mañana mismo. Este tipo de negocios no son acosados por los redactores que quieren escribir para ellos.

En otras palabras, *vaya donde otros autónomos no están.*

Si usted es un fotógrafo, vaya donde otros fotógrafos no están. ¿Bodas y bebés? Espacio lleno de gente, ¿verdad? Podría intentar tomar fotos corporativas o cambiar la imagen fotográfica del sitio web.

La otra forma de "encontrar una brecha" es localizar un nicho de mercado donde haya una demanda potencialmente grande, las empresas de ese segmento contratan a autónomos, pero la mayoría de esos independientes parecen no estar haciendo un trabajo estelar. O las compañías tratan de hacerlo ellas mismas, sin grandes resultados.

Encontré que muchos gimnasios pequeños de acondicionamiento físico y entrenadores personales figuraban en esta categoría, así que trabajé con algunos de ellos. También asesoré a una variedad de clientes de redacción no tradicionales que necesitaban crecer, pero que no sabían muy bien cómo hacerlo, incluyendo una compañía de seguros de cuidados a largo plazo, un contador público y un estratega financiero. Escribí artículos de márquetin para un consejero de vida y una empresa de seminarios.

Aporte: Encuentre una brecha. En lugar de ir tras los enormes nichos de mercado y las grandes empresas para las que todo profesional independiente le encantaría trabajar, vaya donde exista necesidad, pero no que haya muchos profesionales independientes.

Yo pude haberlo hecho estupendamente si hubiera escogido un nicho de mercado de inmediato, pero me fue bien trabajando para una variedad de negocios en diversas áreas, y usted también puede hacerlo.

3. No tengo certificaciones ni credenciales oficiales.

He tomado algunos programas de redacción, pero nunca terminé uno.

¿Puedo contarte un pequeño secreto?

Probablemente nunca tendrá un cliente que le pregunte si ha terminado algún programa o curso de estudio en particular. Tampoco les importa qué libros ha leído, qué maestrías ha estudiado, o a qué organizaciones profesionales pertenece.

Es como si los empleadores me preguntaran cuál era mi promedio de notas en la universidad. Nunca ha sucedido, y realmente no importa.

Lo único que les importa es si usted puede proporcionar resultados.

Para nosotros los redactores, ¿Puede escribir un buen texto que resuene con sus lectores y los estimule a actuar y comprar? Eso es todo.

Entonces cuando sentí que aprendí lo suficiente en un programa aplicable para ayudar a que los negocios crezcan, dejé de estudiar y empecé a trabajar.

No digo que usted *no deba* terminar un programa. Todo lo que digo es que no tiene que hacerlo, y nadie le preguntará si lo hizo.

Aporte: No espere para empezar. Demasiados independientes arrastran sus pies, tomando un programa tras otro, retrasando el inevitable reto de trabajar realmente para un cliente.

Es como un estudiante universitario que va a la escuela de posgrado para obtener su maestría, luego su doctorado, después otro título, para no tener que poner a prueba sus habilidades y conocimientos en el mercado laboral.

Lo mismo que con cualquier profesión independiente. Sus credenciales no significan tanto como lo que realmente puede hacer. Dicho esto, obtuve algún nivel profesional de autoridad desde el principio en forma de testimonio de una celebridad. Más acerca de ello posteriormente.

Aprenda mucho, absorba mucho y luego aplíquelo.

4. Odio levantarme temprano y casi nunca lo hago.

¿Qué tiene que ver esto con el trabajo independiente, o el éxito en general?

Los gurús, y a la gente que le encanta anunciar al mundo que se levantan a las 4:59 a.m. todos los días del año, siempre me hacen sentir culpable de no hacer lo mismo.

Todos los días leo correos electrónicos de expertos en éxito que abogan por la práctica de empezar el día temprano. Todos conocemos el libro de Ben Franklin "Dormir temprano, levantase temprano…"

Lo entiendo. Simplemente no voy a hacerlo, y usted tampoco tiene que hacerlo para ser un profesional independiente exitoso.

Lo que me lleva a otro mito que me gustaría disipar: *¡Usted no va a holgazanear en pijama y zapatillas, trabajando un par de horas en la mañana mientras toma su café, luego se dirige a la playa para relajarse el resto del día!*

Solo conozco a dos redactores que operan de esta manera y ganan bastante dinero, y ambos son un fenómeno de la naturaleza. Tal vez hay otros por ahí, pero el punto fundamental es que trabajar independientemente es una tarea difícil. Saque de su cabeza la imagen del "portátil en la playa".

Aporte: Usted puede trabajar a cualquier hora del día que desee, siempre y cuando realice su labor y dedique el tiempo indispensable para entregar un trabajo de calidad.

No importa cuando trabaje, siempre y cuando le dedique el tiempo necesario. Simplemente debe saber que cualquier tipo de trabajo independiente, no es un paseo sin preocupaciones por el parque.

5. Los miembros de mi familia, vecinos y la mayoría de mis amigos no tienen idea de lo que hago para vivir, y lo prefiero de esa manera.

Sin embargo, cuando comencé, quería que todos supieran que yo era un "redactor". Pensé que esto conllevaba a un cierto grado de desenvoltura y prestigio.

Entonces me di cuenta de que nadie sabía lo que era un redactor o lo que hacíamos, y a la mayoría de la gente no le importaba.

He llegado a la conclusión de que nunca seré el centro de atención y conversación como lo es una estrella del rock en los cocteles. Mis amigos dueños de empresas exitosas nunca se impresionarán con mi trabajo de escritor. Mis parientes nunca presumirán de mí como lo harían si yo trabajara para una gran compañía con un nombre reconocido.

Estoy de acuerdo con eso, y mi misión es mantener un perfil bajo, fuera de los círculos de redacción, por supuesto.

Me gusta el hecho de que los vecinos no sepan mi horario, porque voy y vengo a distintas horas del día, y viajo con frecuencia. Esto crea un cierto aire de misterio en usted cuando nadie sabe lo que hace, sin embargo, le ven viviendo una vida cómoda.

Lo que ellos no ven es que, durante seis u ocho horas al día, paso oculto en mi oficina, golpeando el teclado y hablando con los clientes. O, de hecho, trabajando un par de horas al día en mi segunda oficina, una cafetería local, haciendo una lluvia de ideas sobre Grandes Ideas.

Aporte: Olvídese de impresionar a los demás. Llamarse a sí mismo "redactor", "diseñador", "fotógrafo", o cualquier otro nombre de profesión independiente, probablemente no lo disminuirá.

Entonces baje la cabeza, trabaje como un loco, y haga que su misión sea hacer que la gente se pregunte cómo en el mundo llego a tener éxito pasando todo el día en casa y no yendo a trabajar.

Confíe en mí, no tiene sentido tratar de explicar a la mayoría de la gente lo que hace exactamente, sin un jefe, una oficina o un título verdadero.

6. Nunca he enviado un anuncio de márquetin o correo electrónico de autopromoción, ni siquiera tengo optimizado el motor de búsqueda para mi sitio web.

Sí, yo considero que usted debe finalizar los programas que empieza, y sí, debería optimizar su sitio web y comercializarse.

Solo quiero que sepa que no es completamente necesario.

Esta es otra área en la que los autónomos se quedan atrapados. Usted podría pasar semanas o meses en su sitio web, retocándolo hasta que cada página y cada palabra sean absolutamente correctas.

Es mejor hacerlo bien y enfocarse en entregar un trabajo de excelente calidad para los clientes.

A propósito, cuando recién se empieza, ¿no se debe realizar una gran campaña publicitaria auto promocional?

En realidad, no.

Puede hacerlo, sin duda.

El problema con eso, así como el inconveniente del sitio web, es que los nuevos redactores, los autónomos principiantes en general, tienden a pasar una cantidad desmesurada de tiempo creando y planificando esa monstruosa campaña de márquetin.

He visto a escritores agonizar ante esto durante meses, incluso hasta un año, porque no están seguros si todo funciona bien, o cómo posicionarse.

¿Por qué no simplemente comenzar de una manera sencilla?

Aporte: Esto es lo que yo recomendaría. Empiece en pequeño con una buena gestión local a la antigua usanza. Como dije antes, encuentre una brecha, y luego comience por lo básico. Aférrese a los clientes que tiene, conviértalos en clientes más grandes, y obtenga referencias de ellos.

Piense al respecto. ¿Qué va a pagar las cuentas? ¿Trabajar para cualquier cliente que pueda conseguir, o empantanarse en crear el sitio web perfecto y la campaña publicitaria auto promocional?

Concéntrese en ganar dinero al principio con un sitio web que esté al menos un 80% funcional, y preocúpese del resto más tarde.

7. Mi mayor temor en la vida (además del miedo a perder mi cabello y mis dientes) es no dejar mi huella en el mundo.

Ese temor es una de las fuerzas que impulsan mi deseo de ser un respetado redactor, un autor de superventas y un orador público altamente reconocido.

Esto es lo que me motiva a levantarme por la mañana (aunque no sea a las 4:59 a.m.) y seguir adelante.

Si alguna vez lee el clásico libro de autoayuda de M. Scott Peck, The Road Less Traveled, (El camino menos transitado) sabe cuál es la primera línea del libro: "La vida es difícil".

Pues bien, tengo noticias para usted: El trabajo independiente es difícil.

Probablemente no gane seis cifras en su primer año, o en el segundo.

Si cree que es más fácil trabajar para usted mismo que para un empleador, piénselo nuevamente. Si cree que los clientes acudirán a usted porque tomó un curso o asistió a una conferencia, regrese y lea arriba la confesión número uno.

Trabajar por cuenta propia es difícil, y creo que hay una cosa por encima de todo, que le ayudará a superar el duro período de aprendizaje de los primeros años. Además de ser extremadamente disciplinado y de ser bueno en su oficio...

Necesita tener un fuerte propósito emocional para lo que está haciendo.

Pretender hacer seis cifras no es un propósito emocional. Querer comprarles una casa en Florida a sus padres de 80 años, sí lo es.

Pagar sus deudas o ser su propio jefe podría ser un propósito emocional, pero es posible que desee vincularlo con algo más inspirador y de gran magnitud.

Aporte: Desarrolle su gran propósito emocional de querer convertirse en un exitoso trabajador independiente. Algo más allá de ganar mucho dinero o despedir a su jefe. Haga esto, y aumentará enormemente sus posibilidades de conseguirlo.

¿El mío? Tengo bastantes. Quiero llevar a mi esposa a un viaje alrededor del mundo para nuestro 25° aniversario. Es mi intención tomarnos tres meses de descanso juntos cuando vayamos al programa The Amazing Race.

Esas cosas requieren tiempo libre y libertad de desplazamiento, lo que ofrece el trabajo independiente. Esa es una gran razón por la que hago lo que hago.

Más que cualquier cosa, quiero dejar mi huella en el mundo, y creo más allá de toda duda que lo haré a través de escribir, crear y hablar.

Quiero que mis hijos, y por supuesto, en el futuro, mis nietos, sepan que lo hice en grande, les di todo lo que pude, y que marqué la diferencia.

Si su objetivo es hacerlo en grande y marcar la diferencia, espero que estas siete confesiones y siete aportes le ayuden.

Recién estamos entrando en calor, y el resto del *Manifiesto del Profesional Independiente* será su hoja de ruta para hacer que el estilo de vida de los autónomos funcione para usted.

Primero, hay algunas cosas que querrá evitar que nadie más le ha dicho…

Capítulo 3: No seas el Willy Loman del trabajo independiente.

El título original de este libro era "La Muerte de un Profesional Independiente". Un poco trágico, ¿eh?

Fue una obra de teatro sobre la *Muerte de un Vendedor*, una obra de Arthur Miller de 1949. Si no está familiarizado con él, Willy Loman es un vendedor ambulante que ha visto mejores días. Confió en gran medida en su personalidad y su juventud, pero ahora ya no funciona tan bien para él. Está luchando por mantenerse al día con los tiempos cambiantes, plagado de dudas e inseguridades sobre su lugar en el mundo. Una gran parte de su identidad y autoestima está ligada a su trabajo.

Veo que muchos trabajadores independientes están en una situación similar.

En los días de Willy Loman, el sueño americano era tener un buen trabajo corporativo, una casa en los suburbios y una jubilación cómoda. El sueño americano para muchos trabajadores independientes hoy en día es trabajar para sí mismos, no para una corporación, libertad de desplazamiento versus un lugar para ir y venir todos los días, disfrutar de los viajes y los lujos típicos de la jubilación ahora, sin esperar un lejano retiro o que nunca sucede.

En el caso de Willy Loman, se quedó atrás. Dejó de ser útil, perdió su entusiasmo juvenil y se hundió en una severa depresión.

En el caso de muchos autónomos que veo, no se trata tanto de quedarse atrás. Es más bien una situación en la que nunca encuentran su lugar en el mundo de los independientes para empezar. Admitámoslo, las barreras de entrada son extremadamente bajas, así que cualquiera puede saltar y verificar las aguas. Cree un sitio web, y estará en el negocio.

El único problema, no es tan fácil.

He hablado con cientos, tal vez miles de autónomos que lucharon hasta que empezaron a aplicar los principios de este libro. Se les vendió una receta sobre lo genial que es trabajar para uno mismo. Y sufrieron en silencio mientras apenas ganaban tanto como lo hacían en su trabajo, con muchos más gastos. Esto puede golpearle y desgastarle, con el tiempo.

Deje pasar demasiado tiempo, y usted podría desvanecerse como nuestro amigo protagonista en Death of a Salesman (La muerte de un vendedor).

Lo vi en la venta directa de 1986 a 2003, y lo he visto en el mundo de la redacción independiente del cual formo parte desde 2004.

¿Por qué? Por algunas razones:

1. La gente no sabe en qué se está metiendo (uno de mis propósitos en escribir este libro).

2. La gente no se da cuenta que cualquier negocio, especialmente todo tipo de trabajo independiente, implica vender. Hay una connotación negativa con la venta que no está justificada.

3. La falta de paciencia, junto con la no percepción de urgencia. Lo que quiero decir es que, al principio, creen que va a funcionar al instante. Cuando ellos no hacen bastante dinero rápidamente, se frustran.

4. Al mismo tiempo, tampoco tienen un sentido de urgencia acerca de cambiar sus circunstancias. Piensan que sucederá de forma natural, como si entre más tiempo trabajen por cuenta propia, más dinero merecen ganar. Por lo tanto, no hacen un esfuerzo masivo y siguen por la orilla.

5. Ellos se quedan sin dinero.

6. Sus habilidades no son lo suficientemente buenas.

Esas son las seis razones principales por las cuales los trabajadores independientes renuncian o se ganan la vida a medias.

¡No sea ese profesional independiente! ¡No sea el Willy Loman de los autónomos!

Antes de adentrarse demasiado en la tierra del salvaje oeste, de un paso atrás. Leer este libro es un gran primer paso, o un buen comienzo si ya es autónomo y aún no ha hecho su primer millón.

Vuelva a pensar en lo que le han dicho sobre trabajar para usted mismo. Cuestione la situación actual, a los gurús y expertos que intentan venderle un curso tras otro. Tal vez todo lo que necesite es un libro de 20 dólares y una nueva forma de operar.

Creo que trabajar por cuenta propia, y la razón lógica, construir un verdadero negocio (del que hablaremos más en el capítulo 14), es una noble vocación.

Yo creo que los profesionales independientes agregan un enorme valor a la economía. De hecho, diría que los autónomos impulsan la economía.

Los profesionales independientes están llenando los vacíos dejados por la reducción y reorganización de las corporativas, además proporcionan soluciones comerciales extremadamente eficientes.

Hay millones de autónomos trabajando duro, manteniendo las ruedas de la industria girando, como Zig Ziglar solía decir de los vendedores. Se aplica de forma similar en este caso.

Me extenderé sobre esto en el capítulo 5. Y la Parte II tiene 11 capítulos que le dicen cómo superar el "lado oscuro" del trabajo independiente.

Antes de llegar a las soluciones prácticas y orientadas a la acción, déjeme hacer un rápido análisis. Veamos cómo la mentalidad y la confianza en sí mismo son enormes pronosticadores del éxito futuro en el trabajo independiente.

Usted necesita habilidades sólidas, **bien fundamentadas y "fuertes"** para hacerlo en grande como profesional independiente:

Conectar

En el mundo de hoy, es una combinación de habilidades en los medios sociales, la bien conocida red de contactos a la antigua, reunirse con gente, tomar un café (sigue siendo mi forma favorita de relacionarme), hacer conexiones de negocios donde quiera que voy, en línea y fuera de línea, o simplemente hacer amigos. Sí, eso es una habilidad.

Márquetin

Necesita comprender los sistemas de márquetin. Las campañas al azar o los lanzamientos esporádicos no serán suficientes. ¿Una de las maneras más fáciles y mejores es? Construir una lista a través de contenido valioso, luego manténgase en contacto con su audiencia de manera regular.

Vender

Creo que vender es tan importante hoy como lo ha sido siempre. Incluso con el mejor márquetin y redacción publicitaria, tendrá que comunicarse con clientes y prospectos por teléfono o en persona en algún momento.

La última y sólida habilidad que toda persona de negocios necesita para ser eficiente...

Redactar

Fundé la comunidad Café Writer, que comenzó como un grupo exclusivo para redactores. De modo que sí, soy un poco parcial. Y como puede ver hasta ahora en este libro, la mayoría de mis ejemplos de trabajo independiente pertenecen a redactores.

Esto se debe a que la redacción es la habilidad fundamental sobre la cual se edifican todas las demás. No importa si usted es diseñador gráfico, escritor de contenido, fotógrafo o cualquier otro tipo de profesional independiente, debe tener algunos conocimientos básicos y talento para la redacción publicitaria. No importa qué sistema de márquetin utilice, debe comunicarse de manera efectiva. Y si entiende la redacción, entiende a su audiencia.

Algunos argumentarían que la publicidad triunfa sobre la redacción. En otras palabras, su mensaje puede ser más o menos, pero si todo lo demás está en su lugar, aun así, desarrollará un negocio. Probablemente sea cierto, pero ¿por qué no tener una buena publicidad y una buena redacción? Esto le dará una imagen general mucho más amplia, lo que contribuye en gran medida a crecer más.

¿Mi sugerencia? Trabaje en cada una de ellas, de manera consistente, simultáneamente.

Habilidades interpersonales

Ahora, yo diría que las **habilidades "interpersonales"** son aún más importantes.

No se preocupe. No voy a recurrir a toda "la ley de la atracción" aquí con usted. Nada de eso. Definitivamente no estoy hablando de desarrollar una "actitud mental positiva".

No me suscribo a dichas filosofías. Usted no me pagaría para leerle un libro o escuchar un podcast sobre cualquier tema.

Esto es diferente.

Ha escuchado hablar del CI (Coeficiente Intelectual), el cual tiene por objeto medir la inteligencia o la capacidad de razonamiento de una persona (realizada mediante pruebas de resolución de problemas). Es controversial, no necesariamente exacto o justo, además no es un buen indicador general de éxito.

CE, o Coeficiente Emocional, analiza la inteligencia emocional de una persona, lo cual se refiere a cuan bien nos manejamos a nosotros mismos y nuestras relaciones. Hay cuatro componentes: autoconciencia, autogestión, empatía y habilidades sociales. El concepto fue difundido por Daniel Goleman en su libro, Emotional Intelligence (Inteligencia Emocional) de 1995: por qué puede importar más que el CI.

Pues bien, he desarrollado una prueba que le llamo FQ™, (CPI™) o Coeficiente del Profesional Independiente™. Es una evaluación que mide su potencial para ser autónomo.

Me atrevo a decir que todo aspirante a autónomo de cualquier tipo—escritor, redactor, diseñador web, diseñador gráfico, etc.—debe realizar esta prueba antes de lanzarse al abismo del trabajo independiente.

Descubrir su CPI™ podría ahorrarle miles de dólares malgastados en programas, entrenamiento y conferencias. Decenas de miles tal vez. Puede hacer el test en freelancequiz.com o freelancequotient.com. (Las dos le dirigen a la misma página.) Le daré la versión resumida aquí…

Si va a tener una carrera profesional exitosa como independiente, es preciso tener cuatro "habilidades interpersonales" principales: el "CPI ™ Cuatro".

¿Puede desarrollar estas habilidades? Primero le dejaré pensarlo, luego le daré mis ideas al final de este capítulo.

Las cuatro CPI ™

Entre otras cosas, si va a tener éxito como profesional independiente, debe tener:

1. Una mentalidad de abundancia

¿Realmente quiere hacerse rico? ¿Tiene una visión positiva de la gente rica y de cómo llegaron allí? ¿Tiene una visión inquisitiva de los ricos, más que la frecuente actitud codiciosa hacia ellos?

2. Un espíritu emprendedor

¿Tiene el impulso de hacer las cosas por su cuenta? ¿Una sensación de individualismo extremo? ¿Tiene un historial de éxito haciendo cosas por sí mismo, fuera de un empleo o situación de equipo?

3. Estilo

Esto es un poco difícil de explicar. Dirigir su propia función requiere un poco de estilo. Más que si fuera un empleado que trabaja para alguien más.

Necesita una imagen confiable y exitosa. Serenidad. Una apariencia nítida, en persona y en línea. Una marca personal imponente que no sea forzada.

Además de los negocios, ¿Usted se distingue? ¿La gente escucha lo que tiene que decir? ¿Sigue las tendencias y se integrará, o se forja su propio camino?

Usted necesita confianza en sí mismo que en definitiva solo proviene de éxitos pasados.

Esto es algo que rara vez escucho mencionar a alguien. Veo que muchas personas se lanzan a la batalla, tratando de ser autónomos o dirigir su propio negocio porque están cansados de la rutina de 9 a 5. Ya no quieren trabajar para un jefe. Ellos quieren hacer sus propias cosas.

Pero en realidad ellos nunca han hecho lo suyo. Tal vez han sido excelentes empleados y han hecho un trabajo fantástico para otra persona. Eso es diferente a trabajar para sí mismo. Muy diferente ¿Tiene un historial de éxito en el que haya trabajado de forma completamente independiente y haya tenido éxito?

¿Alguna vez has estado en ventas? ¿No solo ha estado en ventas, sino que ha tenido éxito en aquello?

Si no es así, ¿qué le hace pensar que podrá venderse a sí mismo y a sus servicios? Estar en el negocio requiere más que un buen márquetin. Usted necesita vender, y la gente que puede hacerlo también parece tener estilo. A menudo van de la mano.

Si no está seguro, tal vez quiera reconsiderar trabajar por cuenta propia. Iniciar su propio negocio demanda mucho más que el conocimiento de un curso o programa. Requiere una mentalidad de abundancia, un espíritu emprendedor, estilo y...

4. Fortaleza

¿Está abierto a aceptar nuevas ideas, incluso si estas podrían fallar? ¿Está abierto a comentarios constructivos, pero es inmune a las duras críticas? ¿Tiene usted la capacidad de recuperarse? (Mi palabra compuesta para este capítulo). La necesitará. Las cosas no siempre funcionan en el primer intento.

Esta es otra área donde los vendedores tienen una ventaja. Las personas de ventas están acostumbradas a lidiar con las críticas y el rechazo, y no lo toman como algo personal.

Una vez más, como en mis preguntas anteriores sobre el estilo, ¿Tiene usted un historial de fortaleza? Si lo tiene, grandioso. Aplique ese mismo nivel de persistencia y perseverancia (una de mis palabras favoritas) a sus nuevos emprendimientos como autónomo y tendrá muchas más posibilidades de éxito.

Aquí tiene. Las cuatro "habilidades interpersonales" que son en el centro de su puntaje en el CPI™ (Coeficiente del Profesional Independiente™). La prueba que se realiza en freelancequiz.-com es mucho más detallada, pero por el momento, califíquese en el rango de 1-5 en cada pregunta, 1 es el más bajo y 5 es el más alto. Sea extremadamente honesto con usted mismo.

Si obtuvo entre 4 y 8 puntos, debería considerar NO hacer negocios por cuenta propia. Si ya lo está haciendo, y se siente comprometido con ello, tome en cuenta que tiene mucho trabajo por hacer.

Una puntuación de 9-14 es el promedio. Usted debería estar tranquilo, sin embargo, reconozca que aún tiene mucho por mejorar. Es un proceso continuo. Quizá le convendría considerar conseguir un mentor o asesor, no por el lado de los negocios, sino por su forma de pensar y su marca.

¿15-20? Probablemente ya está en marcha, y debería seguir haciendo lo que está haciendo. Si tiene una puntuación alta en este rango y no lo hace bien, no son inconvenientes de mentalidad los que se interponen. Probablemente sólo necesite poner en orden los sistemas y procesos de negocios de inmediato.

¿Cómo le fue?

Si no obtuvo por lo menos un 9, ¿Cree que podría trabajar en esas habilidades "interpersonales"? ¿Podría desarrollarlas hasta el punto que sea necesario para convertirse en un profesional independiente exitoso?

¿Le gusta lo suficiente el estilo de vida independiente como para hacerlo?

¿Puede desarrollar estas habilidades? Sí… o no.

Creo que es extremadamente difícil superar la carga del pasado y los complejos sobre personas ricas. Si usted tiene una visión cínica de ellos, estará luchando en una batalla interna. Tener actitudes negativas sobre el dinero, la riqueza y las personas adineradas evidentemente se garantiza a usted mismo no convertirse en uno de ellos.

Prácticamente tiene que desvincularse de otros que tienen actitudes negativas sobre la riqueza. Incluso si se trata de la familia o los amigos, si aspira tener éxito en los negocios por su propia cuenta, probablemente debería limitar su tiempo con ellos.

¿Espíritu emprendedor? También es muy difícil de superar. Si ha estado acostumbrado a recibir un sueldo regular la mayor parte de su vida, y no ha tenido que vender con una comisión directa o recibir un sueldo basado sólo en los resultados, esto puede ser difícil de enfrentar.

Necesita un deseo verdaderamente voraz de hacer lo suyo, y una actitud competitiva, si va a hacerlo como autónomo.

¿Puede trabajar en su estilo? Absolutamente. Consiga ayuda de alguien en este aspecto: un orientador sobre mentalidad, un mentor, un especialista en marcas. Si necesita una recomendación, yo conozco a algunas personas excelentes.

¿Puede trabajar en su fortaleza? Sí. Del mismo modo, querrá obtener ayuda de alguien. No intente hacerlo todo por su propia cuenta.

Una de las razones por las que creé la comunidad de Café Writer (anteriormente Copywriter Café) fue para proporcionarles a las personas un lugar para reunirse y ayudarse mutuamente en estos temas. Comenzó en 2012, seguimos fortaleciéndonos, y es considerado uno de los grupos más útiles, provechosos y amigables de su categoría en Facebook. Si quiere comprobarlo, simplemente ingrese su nombre aquí y lo agregaré:

https://www.facebook.com/groups/CopywriterCafe/

Si está dispuesto a trabajar en estas en estos temas, con la ayuda adecuada usted puede desarrollar una mentalidad de abundancia y un espíritu emprendedor.

Es algo poco frecuente, sin embargo, creo que sólo el 10% de la población está hecha para ser independiente o emprendedor de cualquier tipo. Considerando las estadísticas del capítulo 1, al menos 42 millones de trabajadores pronto serán autónomos de alguna manera, esa es una gran brecha.

Espero que este libro realmente desaliente y disuada a algunas personas de seguir este camino, le ahorre miles de horas de tiempo y decenas de miles de dólares.

¿Ve lo que hice? Usted invirtió 20 dólares en este libro, y yo le estoy ahorrando mucho tiempo y dinero.

Ahora, si todavía está aquí, ¡excelente! Usted está en el escaso 10% de la gente que debería trabajar por cuenta propia, y probablemente tendrá éxito en ello. Un gran éxito si pone en acción las ideas de este libro. Es ahí cuando comienza la diversión…el estilo de vida, la libertad, el dinero, los viajes, el reconocimiento, todo en sus parámetros.

Déjeme dar un paso atrás aquí.

He estado pintando una imagen sombría para que usted pueda conocer la verdad sobre el trabajo independiente. La mayoría de libros y programas hacen lo opuesto para demostrar a los autónomos cómo hacerlo.

Ellos siguen hablando sobre el glamuroso "estilo de vida con la computadora portátil en la playa" o de la "vida nómada digital" que pronto tendrá, trabajando un par de horas por la mañana y pasando el resto del día jugando al golf, yendo a la playa o visitando los lugares turísticos de Europa, mientras sus desafortunados amigos en casa se vuelven más envidiosos cada día.

Eso no es factible para el 99.8% de los trabajadores independientes, y no voy a insultar su inteligencia ni siquiera insinuando remotamente esa escena.

Sólo conozco a dos autónomos (redactores) que alguna vez afirmaron tener ese tipo de horario. Y hay una historia de trasfondo para los dos.

¡Sin embargo, quiero recordarles que trabajar por cuenta propia es una forma maravillosa de ganarse la vida! Si se organiza desde el principio. Usted puede trabajar desde cualquier lugar, vivir la vida a su manera, y hacer bastante dinero…construya una base sólida. Sea paciente. No siga a la multitud.

Ha funcionado para mí y puede funcionar para usted.

Ya que he pasado la mayor parte de este capítulo diciéndole que no sea el Willy Loman del profesional independiente. Que es mejor que tenga un CPI™ bastante alto. Y que además de las "habilidades generales", es mejor que las "habilidades interpersonales" de CPI™ estén presentes también.

Digamos que usted tiene todo eso y sigue aquí leyendo, y ha decidido, "¡Que sí! Que está dentro".

¿Desea el otro factor que le dará una ventaja ante tus compañeros independientes?

Propósito emocional

Tener un **propósito emocional** poderoso para hacer lo que hace. Su **razón** más profunda el **por qué**. El querer dinero no es suficiente. Todos queremos dinero, no obstante, después de un tiempo, el atractivo de obtener más riqueza ya no motiva.

La clave es otorgar un mayor propósito a lo que está haciendo.

¿El mío?

1. Viajar. Para mí, más que eso, es brindar a mi familia oportunidades de viajar.

La principal razón por la cual me convertí en un profesional independiente a tiempo completo en 2009, después de trabajar en ventas y en el mundo corporativo durante 23 años, fue precisamente para poder realizar viajes más largos.

El trabajar para un patrono, nunca me fue posible tener suficiente tiempo libre para visitar la tierra natal de mi esposa, Nigeria. En diciembre de 2009, finalmente viajamos allá, y es uno de los momentos más memorables de mi vida. He estado en Ecuador por cinco ocasiones diferentes, un total de 29 semanas hasta ahora, con y sin mi esposa e hijos. Le contaré más sobre esto en mi próximo libro: *El sabático solitario: Cómo mejorar su salud, riqueza y relaciones alejándose de todo.*

Estoy planeando para el 2021, la gran gira mundial de Café, viajando por todo el mundo durante una buena parte del año para conocer en persona, a tantos de los miembros escritores de Café Writer como sea posible. ¿Aparte de eso? Planeo dividir mi tiempo 50/50 entre los Estados Unidos y América del Sur. Como escritor, puedo hacerlo.

En mi opinión, no hay mejor manera de invertir el tiempo y dinero que viajando.

2. Ayudar a 1.000 autónomos en 10 años a construir un negocio rentable.

Ese fue mi propósito original cuando empecé la comunidad Café Writer en 2012. Hasta ahora, he tenido un impacto en más que eso, considerando que somos más de 9.500 miembros, es decir, ya he ejercido una influencia directa en más de mil suscriptores; a través del entrenamiento individual y mis retiros.

Mi punto es, **tener una causa más grande que usted mismo.**

Conozco a profesionales independientes que vinculan su negocio a una causa digna, donando el 5 o el 10% de sus beneficios a una organización de caridad de la que se sienten muy orgullosos. No tiene que dar dinero, pero sí involucrase.

Esto no solo hace que las personas quieran trabajar más con usted, además le dará un sentido de propósito más allá de su propio beneficio personal. Ya sea que trabaje para obtener agua potable en un país en desarrollo, luchar contra el tráfico sexual internacional o donar a la sociedad protectora de animales local; si puede encontrar una causa para involucrarse y alinear su negocio, tendrá una vida más rica como resultado.

3. Deje algo atrás.

Voy a profundizar mucho más acerca de este tema el capítulo 16, "deje un legado". Sólo estamos de paso, no puedo imaginarme sólo codiciando el éxito y ganancia material en este mundo. Quiero dejar algo significativo a mi paso, saber que de alguna manera hice una diferencia en este mundo. Estoy empezando a escribir libros, y este es el segundo de muchos.

Dentro de varias generaciones, nadie leerá mis mensajes en las redes sociales, verá mis videos o escuchará mis audiolibros. Pero podrán tomar uno de mis libros del estante y leerlo.

Planeo escribir un libro cada dos años por el resto de mi vida, y tengo grandes planes para ponerlos en manos de tantas personas como sea posible. La mejor manera que conozco para dejar un legado es escribir un libro. Si desea escribir uno, hablemos. Yo podría ayudarle.

4. Demuestre que la gente tiene razón.

Algunos dicen que es un factor de motivación para demostrar que sus detractores se equivocan. En mi caso, nunca he tenido difamadores. La mayoría de la gente cree en mí, más de lo que yo creo en mí mismo.

Como resultado, ¡quiero demostrar que mis *seguidores* tienen razón!

Agradecí a ocho personas al principio de este libro, 13 más al final, y probablemente hay cien más que me han apoyado a lo largo del camino. Es un fuerte propósito emocional para mí el querer probar que tenían razón al creer en mí. Se lo debo a ellos, y me lo debo a mí mismo.

Piense en los lugares que desea conocer, las personas a las que quiere ayudar, las organizaciones a las que le gustaría apoyar, las ideas que preferiría dejar atrás, o las personas a las que anhela agradecer. Cree sus propios y poderosos propósitos emocionales personales para hacer lo que hace, y tendrá más posibilidades de lograrlo que si se centra únicamente en ganar mucho dinero.

Resulta paradójico, pero cuando quita los ojos del dinero y se concentra en otras cosas, el dinero suele aparecer como un subproducto natural.

Subráyelo

Por cierto, antes de seguir adelante: ¡Escriba en este libro! subráyelo. Tome notas. ¡Utilícelo para desencadenar nuevas ideas!

¡Una de las razones por las que puse este libro en versión impresa es porque me encanta escribir en los libros! Es mucho más fácil volver y hojear mis notas que volver a leer partes de un libro, incluso si está resaltado (lo cual no lo hago)

Mi intención es que este libro sea una especie de manual de campo en los próximos años, que le guíe hacía delante a medida que construye su negocio. Espero que tome muchas notas, y ojalá lo consulte a menudo.

Ahora, sobre las vacas…

Capítulo 4: Matando a las vacas sagradas

Todo negocio tiene sus "vacas sagradas". Esas creencias sobre los negocios que los veteranos perpetúan, los ingenuos novatos se presentan como experimentados, y los ambiciosos promotores y agitadores se enfrentan a ellas.

A menudo se fundamentan parcialmente en la verdad, no obstante, conservar ese sistema de creencias ha superado su uso práctico hace mucho tiempo. Por cierto, una vaca sagrada en sentido figurativo es una persona o cosa inmune a los cuestionamientos o las críticas. Su primer uso en inglés se dio a mediados del siglo XIX y se convirtió en una expresión común alrededor de 1905.

Déjeme darle algunos ejemplos del mundo corporativo y las ventas del cual yo vengo. Esto le dará una mejor idea de lo que estoy hablando.

Luego le daré las siete "Vacas Sagradas" que experimenté al ingresar al mundo del trabajo independiente. Siete vacas sagradas que aún prevalecen. Si usted no es consciente de la falsa lógica detrás de ellas, podrían retenerlo.

Así que, antes de hablar sobre matar a las vacas sagradas del trabajo independiente, hay otros dos ruedos donde existe la misma mentalidad.

En el mundo corporativo, ha escuchado la expresión, "sube la escalera corporativa", ¿verdad? Implica que empieza desde abajo, y poco a poco, usted gana experiencia, obtiene ascensos, y, si tiene suerte, después de 25-30 años, podría llegar a ser vice-presidente.

Obviamente, ese es un ejemplo desactualizado, ya que hoy en día, nadie se queda 25-30 años en una empresa. Pero después de la segunda guerra mundial hasta los años 80s y 90s, este fue el caso. "subir la escalera corporativa", "pagar sus deudas" y "lealtad a la compañía" eran vacas sagradas.

¿Quién lo dijo? Lo dijeron los sujetos que dirigían la compañía quienes querían lealtad a ellos, por supuesto. Lo manifestaron los gerentes intermedios que trabajaron para ascender en la escala de la compañía durante muchos años. No iban a dejar que un joven genio con grandes aspiraciones saltara por encima del sistema.

Luego llegó el auge del internet a finales de los 90s y principios del 2000. Fue casi una oportunidad contracultural opuesta al extremo estilo corporativo que lo precedió Wall Street.

Desapareció la vaca sagrada con la que tenía que pagar sus deudas. Atrás quedó la idea de ascender por la escalera corporativa.

¡Las ideas y el ingenio estaban de moda! ¡La exuberancia juvenil estaba en boga! ¡Los viejos y los tediosos estaban fuera! Las fiestas de jubilación de 40 años en la compañía fueron eliminadas.

Lo que importaba ahora era la capacidad de moverse rápido, de crear el siguiente gran nombre de dominio (piense en pets.com, que luego quebró, por supuesto), e implementar la última y más grande hechicería técnica, para agarrar su parte del nuevo salvaje oeste del internet.

Aun así, incluso esta nueva cultura revolucionaria de empresas emergentes tenía sus propias vacas sagradas.

"Todo lo que importa son los glóbulos oculares". ¡En otras palabras, todo lo que tiene que hacer es conseguir que la gente mire su sitio! ¿Vender? Lo que sea.

"Un nombre de dominio genérico de una sola palabra es la clave". Bueno, pets.com no funcionó. Tampoco lo hizo food.com ni otros tantos miles. Pero en 1998, nadie se atrevía a cuestionar el pensamiento de la época.

"La gente cambiará sus hábitos de compra porque… ¡es internet!" (No hay plan de negocios, simplemente "¡Oye, estamos en línea, nena!")

Hoy en día estamos presenciando algo similar con compañías sobrevaloradas como WeWork, Uber, Lyft y Peloton, al menos una de las cuales probablemente esté fuera del negocio para cuando usted lea este libro.

¿Sabe qué? Alguien debería haber escrito la muerte de una empresa de internet en 1999, precursora del *Manifiesto del Profesional Independiente*. Podríamos haberles prevenido a todos esos soñadores con castillos en el aire, de los peligros que nadie les advirtió.

Habría evitado la pérdida de miles de millones de dólares, incluyendo el dinero de muchas personas comunes y corrientes quienes invirtieron en esas empresas, aunque no estuvieran en la nómina de pagos de la compañía.

Este libro es su guía para evitar la muerte del trabajo independiente como la burbuja bursátil de internet de 1999 o WeWork hoy en día.

Lea, absorba, preste atención y actué. Usted prosperará, mientras que otros se quedan en el camino como una versión moderna de pets.com.

En consecuencia, esas fueron las tres vacas sagradas que nadie pensó en cuestionar en los embriagadores días de la fiebre del oro del internet. Si lo hubieran hecho, tal vez habrían terminado de manera diferente.

Hoy en día, **hay siete vacas sagradas que observo en el mundo de los autónomos**. No veo a nadie cuestionándolas, o matándolas a todas juntas.

Yo sí.

Tenga en cuenta, que esto se debe a mi experiencia como autónomo a tiempo parcial de 2004 a 2008, y como profesional independiente a tiempo completo desde marzo de 2009 hasta el presente.

También proviene de asesorar a más de mil redactores independientes de manera personalizada desde 2011, y como fundador del Copywriter Café en 2012.

El grupo gratuito de Café Writer en Facebook tiene más de 9,500 personas y crece diariamente. El Café Back Room en CafeWriter.com es una comunidad pagada detrás de escena para personas que se toman en serio la consolidación rápida de un negocio propio.

Comencé los dos, el grupo y el sitio de membresía porque quería que los redactores publicitarios supieran en qué estaban involucrados. Al principio, mi propósito principal fue formar una comunidad dinámica y amigable, de redactores que siempre estuvieran allí para ayudarse mutuamente con ideas; consejos, estímulo y comentarios. No estábamos tratando de vender otro programa u ofrecer un sueño imposible trabajando únicamente unas pocas horas al día.

¡El Café siempre fue una voz de la razón, y uno de mis objetivos era exponer los mitos del mundo de la redacción independiente!

Por cierto, el grupo Café Facebook da la bienvenida a *cualquier* profesional independiente que quiera emprender un negocio, no solo a redactores. Tenemos podcasters que tratan de aumentar su audiencia, autores que desean vender más libros, asesores comerciales que expanden su experiencia, diseñadores web que necesitan un mejor sistema de márquetin y todo tipo de propietarios de pequeños negocios.

Vaya a Facebook.com/groups/CopywriterCafe/ para comprobarlo

Advertencia: habrá un derramamiento de sangre más delante. Que comience la matanza...

Las siete vacas sagradas en el mundo del profesional independiente.

Vaca Sagrada #1

"Cualquiera puede hacerlo".

Me enteré de la redacción publicitaria en julio de 2004. Estaba navegando en internet y me encontré con un pequeño e increíble anuncio con este título: "¿Puedes escribir una carta como esta?"

¡Brillante anuncio! Llamo mi atención y a continuación:

"Responda" sí "y nunca tendrá que preocuparse por su trabajo o depender de otros para su subsistencia...

En su lugar, usted tendrá una gran demanda, ganará mucho dinero y escribirá unas pocas horas al día desde cualquier lugar del mundo que elija vivir".

Fue escrito por un redactor que respeto, y ha sido un éxito fenomenal.

Un poco más de contexto antes de matar a la vaca sagrada "Cualquiera puede hacerlo". Esta publicidad para un programa de redacción de textos publicitarios (un gran programa, por cierto), continúa con los siguientes subtítulos:

"¿Necesita $ 20,000? Escriba un par de cartas"

"$160.000 por una carta"

"Usted puedes ganar entre $ 80,000 y $ 540,000 por año"

¡Guau! ¿Quién no querría eso?

Lo hice, me inscribí en el programa, y ese fue el inicio de mi trayectoria como redactor, la cual ha trascurrido bastante bien.

Sin embargo, la insinuación, es que es realmente fácil hacer seis cifras por año como redactor independiente.

¿Es posible eso? ¿Puede un profesional independiente de cualquier tipo hacer seis cifras? Por supuesto. Si tiene talento y realmente trabaja en ello, en un plazo de tiempo realista de 2-3 años logrará ese elogiado punto de referencia (el cual, en la economía actual, no es realmente mucho dinero).

Conozco personalmente a un puñado de redactores que lo hicieron en su primer año. Un grupo de miles de redactores que conozco en mi grupo. Lo mismo ocurre con otros trabajos independientes: diseñadores gráficos, desarrolladores de sitios web, escritores de viajes, fotógrafos.

En mi opinión: **no es típico, y no es fácil.**

Seis cifras deben ser una línea de base, ni mucho, ni poco. Es un punto de partida. Después de impuestos y gastos, $ 100,000 al año en los Estados Unidos es aproximadamente $ 5,000 al mes. Para la mayoría de las personas, eso es pagar las facturas. Nada inspirador en aquello.

No es fácil, y no todo el mundo puede hacerlo. Mucha gente NO debería dedicarse al trabajo independiente, por varias razones que abordamos en la Parte I.

Esa es la primera Vaca Sagrada: **"Cualquiera puede hacerlo"**.

¡No, ellos no pueden! No es fácil, la mayoría de la gente no hará seis cifras y muchas personas ni siquiera deberían intentarlo. Ahorre su dinero. Omita el programa en línea de $ 400 o la conferencia de $ 1,500 para aprender a ser redactor (Se lo dice alguien que ofrece un retiro de alto nivel, yo mismo).

Realice el cuestionario en FreelanceQuiz.com para saber si el trabajo independiente tiene sentido para usted o no. Quizá ni siquiera esté en su ADN, y yo puedo haberle ahorrado miles de dólares y años de esfuerzo desperdiciado.

Ahora, si está en sus planes, y usted no quiere trabajar más para "el hombre" o cualquier jefe, y prefiere construir un negocio propio rentable, siga leyendo.

Vaca Sagrada # 2

"Tiene que pagar sus contribuciones".

Tonterías. Si quiere entrar en escena como redactor independiente, diseñador gráfico, desarrollador web, escritor de viajes, traductor, o cualquier otra cosa, ¡*hágalo*! Vaya por aquello.No hay absolutamente nada que diga que tiene que empezar desde abajo y trabajar para progresar.

Si tiene las habilidades, la confianza, la personalidad o carisma para imponerse y establecer un nombre rápidamente, debería hacerlo.

¿Sabe quién no cree que debería? Los veteranos. Los ancianos sabios quienes si saldaron sus contribuciones. Pagaron sus cuotas, finalmente llegaron a un nivel respetable y rentable, ellos le ven a *usted* como una amenaza.

Independientemente de la edad, en cualquier campo determinado, aquellos quienes han permanecido por un tiempo…tienden a resentirse con los recién llegados. ¡Usted es competencia!

Usted tampoco está cansado como ellos lo están. Usted tiene más exuberancia juvenil. Si usted es de una generación más joven, puede que sea más hábil que ellos en el uso de la tecnología. Probablemente usted es más receptivo a nuevos cambios, y rápidamente realiza los correctivos necesarios para adaptarse a los desafíos del mercado.

Si usted se parece en algo a lo que yo era como nuevo profesional independiente, probablemente también esté mucho más entusiasmado. Aún no ha hecho su primer millón. Pero está decidido a conseguirlo.

¿Está usted empezando a comprender donde podrían estar todas esas características que intimidan a los autónomos que han estado en sus territorios desde hace tiempo? Ellos preferirían que se tome una temporada para aprender a manejar las riendas. ¡Ja! Tal vez incluso comprarles algunos de sus programas para aprender a hacerlo, o asistir a una de sus conferencias.

Probablemente diseñarán su "libro de estrategias" y le darán todos los bocadillos del nivel superficial para construir su negocio independiente. Incluso podrían darle un "conjunto de herramientas" de todas sus plantillas y formularios (la mayoría de los cuales están desactualizados y no son adecuados para su negocio independiente hoy en día).

Hay un incentivo incorporado para perpetuar el mito de "pagar sus contribuciones". Es por el bien de todos los que están en ese negocio y que vinieron antes que usted. No caiga en la trampa.

Si suena como si tuviera un poco de rencor contra el estatus quo y esas vacas sagradas de "seis cifras es fácil" y "tiene que pagar sus tributos", realmente no lo tengo. Lo descubrí desde el principio, así que nunca me lo creí.

Maté a la vaca sagrada de "pague sus contribuciones", y usted también debería hacerlo. Ignórela, ríase de ella y olvídese.

Caiga víctima de la mentalidad de "pague sus contribuciones", y usted morirá lentamente como profesional independiente. No hay tiempo para eso.

Use las ideas de este libro para tener mucho éxito y celebre el hecho de estar en un mundo completamente nuevo. Esta es la economía del trabajo temporal, donde cualquiera con la cantidad suficiente de talento y audacia puede lograrlo. "Pague sus tributos" es una mentalidad obsoleta. Déjelo ahí. Continúe...

Vaca Sagrada # 3

"Necesita una cartera de clientes sustancial"

Esto va de la mano con "pague sus contribuciones".

Si usted es un diseñador gráfico, fotógrafo, redactor o cualquier otro proveedor de servicios, la gente querrá ver su trabajo, ¿verdad?

Ellos quieren ver lo que usted ha hecho por otras personas y lo que puede hacer por ellos. Tiene sentido, por supuesto. Todos somos iguales. Si usted está invirtiendo dinero, necesita saber que la persona que usted contrata hará bien su trabajo.

El problema es que, aquello es un círculo vicioso. Necesita una cartera de clientes para obtener más clientes. Pero no puede crear una cartera sin clientes. ¿O si puede?

Bueno, en realidad, usted puede. Más sobre este tema en un minuto. Primero, ¿es realmente necesario mostrar una gran cantidad de trabajo a un prospecto para que lo contraten? No, en absoluto.

Yo diría que todo lo que usted necesita es un buen ejemplo de lo que ha hecho para conseguir que alguien lo contrate.

De cualquier forma, un buen ejemplo es todo lo que la mayoría de los prospectos van a analizar, y un proyecto llevará al siguiente cliente. Solamente es un reto cuando usted está empezando o cuando únicamente ha tenido un buen proyecto. Posteriormente, el resto de su carrera, es un punto a debatir.

Entonces, ¿por qué es una vaca sagrada? Pues al igual que la vaca sagrada "pague sus deudas", es una de esas cosas perpetuadas por aquellos que vinieron antes que usted. Sienten que han pagado sus cuentas. Han construido una gran cartera de trabajo. Y *usted*, amigo mío, surgiendo de la nada, ¡usted es la competencia!

Ellos han trabajado duro para llegar a donde están. Lo último que quieren es más competencia de algún autónomo novato y nuevo en la escena.

¿La verdad?

Usted no *necesita* una cartera de clientes sustancial para empezar. Si así fuera, no habría miles de nuevos profesionales independientes entrando en su campo cada año.

Esto es lo que SÍ necesita:

- **Una solución específica a un problema**

Me va a escuchar hablar de esto una y otra vez. No importa cuál sea su especialidad como autónomo, más que pensar en usted mismo como un redactor o diseñador o lo que sea, considérese (y preséntese a los clientes) como un **solucionador de problemas** y un Generador de Ideas. (Más sobre eso en el capítulo 7. Mucho más.)

Siempre les digo a mis clientes que yo asesoro, que agrupen sus servicios de manera que resuelvan un problema específico.

Por ejemplo, mi amigo, Jeff Melvin, ayuda a las empresas a resolver el problema de los visitantes del sitio web que no compran. ¿Cuál es su solución? Les ayuda a construir su lista de correos electrónicos.

Escribí ampliamente sobre esta idea en 47 *Maneras de Hacer Redacción*, un libro únicamente disponible para los miembros suscriptores de Café Back Room.

- **Una excelente cartera de clientes**

Sí, sólo uno. La mayoría de los clientes únicamente necesitan ver un ejemplo de lo que ha hecho por otra persona en una situación similar a la de ellos. Si es necesario, trabaje gratis UNA VEZ con el único propósito de obtener una buena muestra para su exhibición. Si usted es bueno en lo que hace, alguien aprovechará la oportunidad de dejarle trabajar para ellos de forma gratuita. Asegúrese de hacer un buen testimonio de ello, también, evidentemente.

- **Una gran lista**

Una gran lista de clientes potenciales, es decir, y no me refiero a una lista que se alquila o se compra. Me refiero a una que usted crea, desde cero, incluso sin tener que gastar dinero.

- **Un plan de mercadeo**

Esto tampoco tiene por qué ser complicado. No hablo de grandes "embudos" de márquetin o de contratar especialistas. Hablaremos más sobre una lista y un plan de comercialización más adelante en este libro.

Y finalmente...

- **A presionar**

Y lo digo en el buen sentido de la palabra, no de la manera en que ha sido secuestrado por las nuevas generaciones.

Vaca Sagrada #4

"Tiene que enfocarse en un nicho de mercado en particular"

La lógica dice: "No puede ser un generalista. Si va a hacerlo como independiente, tiene que especializarse".

Y la analogía que lo acompaña: Un médico de medicina general gana un buen dinero. Un cirujano cardiovascular gana mucho dinero.

Es algo cierto, pero en general es una mala analogía. No somos doctores en medicina. No fuimos 17 años a la escuela de medicina más ocho años de residencia.

No estoy diciendo que usted tenga que ser una "persona de muchos oficios". Pero muchos redactores consideran que debe elegir un nicho de mercado.

El hecho es que no hay mucho que aprender sobre algún nicho de mercado en particular. Podría aprender todo lo que necesita saber sobre el mundo de las mascotas, al menos lo suficiente para escribir una buena redacción sobre ello, en 30 días.

Esta no es una escuela de medicina para convertirse en cirujano cardiovascular. **Se trata de aprender el arte de la persuasión, conocida como redacción publicitaria. Y esas habilidades se transfieren de un nicho de mercado a otro bastante bien.**

Si usted puede resolver los problemas de las personas con sus habilidades, ya sea diseñador gráfico independiente, desarrollador de sitios web o escritor de contenidos publicitarios, ¿por qué limitarse a un solo nicho de mercado? Usted resuelve problemas, ¿verdad? ¡Ayude a todos si puede!

Entonces, ¿por qué es una vaca sagrada y cuál es la solución? Es una vaca sagrada porque es todo lo que escuché cuando empecé a trabajar por cuenta propia. "Tiene que elegir un nicho de mercado" fue el mantra perpetrado por…espérelo…la gente que le vende un programa sobre cómo elegir un nicho de mercado. Imagine eso.

Mire, elegir un nicho de mercado puede ser una buena forma de hacerlo. Si tiene experiencia en un área determinada, sin duda alguna, vaya por ella. No necesita un programa que le muestre cómo elegir un nicho de mercado. ¿Ama a los perros? ¿Le entusiasma la idea de trabajar con entrenadores, criadores o fabricantes de alimentos para caninos? Bueno, escribir para la industria canina suena lógico, ¿verdad?

¿Adivine qué? Sigue compitiendo con otros cientos de redactores para perros o mascotas que también tuvieron la misma idea. **Usted aún tiene para sobresalir.**

O digamos que es un diseñador gráfico. Usted escucha "elija un nicho de mercado" y decide enfocarse en las nuevas empresas de tecnología de punta. Eso está bien, pero ser definido por el público al que sirve no es necesariamente la mejor manera de diferenciarse.

Es mejor ser conocido por el *servicio* que presta y *cómo* lo proporciona (su método) más que por aquellos a quienes usted sirve. ¿Puede que sea lo mejor? Haga los tres. Especialícese en un nicho de mercado específico, dese a conocer por un servicio en particular y defina su proceso.

El punto es que no necesita elegir un nicho de mercado especifico.

Vaca Sagrada #5

"Tiene que estudiar y dominar las lecciones de los grandes para tener éxito"

Este es un concepto de maestro / aprendiz. La creencia es que usted posiblemente no pueda llegar a ser un nuevo profesional independiente, hasta que haya dominado las lecciones de las leyendas que allanaron el camino.

En la redacción de estos grandes se incluyen leyendas como John Caples, Claude Hopkins, William Bernbach, David Ogilvy, Eugene Schwartz y Gary Bencivenga.

Muchos redactores dedican una cantidad excesiva de tiempo a leer, estudiar y aprender acerca de estos personajes. Luego promocionan su nuevo conocimiento en sus sitios web.

"He estudiado a los grandes como Hopkins, Ogilvy y Schwartz, como resultado, puedo ayudarlo a obtener excelentes resultados".

En serio, he visto esto en docenas de sitios web, incluso en cientos. ¿Tal vez todos tomaron el mismo curso de "crear un sitio web de redacción en una semana"?

La cuestión es, que sus prospectos probablemente no tengan idea de quiénes son estos legendarios redactores publicitarios, y no les importa.

Sería como si un diseñador de interiores mencionara nombres de las páginas de la Revista de Arquitectura. A nadie le importa. Sólo quieren que *su* casa se vea bien.

Además, leer y estudiar lo que estos individuos tienen que decir no significa que pueda escribir como ellos. Todavía tiene que perfeccionar sus habilidades.

Lo mismo aplica a los autónomos en cualquier campo. ¿Un nuevo fotógrafo independiente tiene que estudiar a Ansel Adams? ¿Un diseñador independiente tiene que estudiar a Milton Glaser?

No. Eso le ayudará a tener una mejor compresión y podrá aprender mucho de ellos. Pero, de nuevo, a sus clientes no les importa. Todo lo que quieren saber es, *"¿Puede resolver mi problema?"* En última instancia, necesita desarrollar su propio estilo y marca de todos modos.

¿Por qué estoy matando a esta vaca sagrada? Porque veo que retiene a demasiados aspirantes a redactores. Se quedan atascados en la fase de aprendizaje, que es mucho más fácil que salir y conseguir clientes.

También lo veo perpetuado por algunas leyendas que siguen vivas y ahora hacen mucho dinero vendiendo sus programas y "campamentos de entrenamiento".

(Ni siquiera me refiero a esa palabra. No la soporto. No compare el entrenamiento militar con sentarse en una sala de conferencias, con aire acondicionado, con su Starbucks y MacBook Pro y escuchar a los oradores promover sus sistemas).

¿Son buenos estos programas y los campos de entrenamiento? Por supuesto. ¿Son costosos? Generalmente. ¿Los necesita para desarrollar una carrera independiente? No.

En lugar de gastar miles (o decenas de miles como yo) en aprender una habilidad, vaya a Amazon, compre cinco libros sobre su tema, lea y estúdielos, luego póngase a trabajar para posicionarse y **ganar clientes**. (Vea el capítulo 10 para más detalles sobre cómo conseguir clientes, además en el grupo gratuito de Café Facebook encontrará una lista de libros recomendados).

El aprendizaje es un proceso continuo de por vida. No permita que la falta de conocimiento le impida ganarse la vida en su carrera independiente elegida.

Puede ganarse la vida muy cómodamente en el nivel B. Usted también podría servir a los clientes y ganar dinero mientras se dirige hacia el de nivel A, ¿verdad?

Vaca Sagrada # 6

Esta es una combinación de dos ideas relacionadas que los autónomos de todo tipo escuchan:

"Necesita un gran cliente para hacerlo en grande"

Y

"Apunte a los grandes clientes, ahí es donde está el dinero"

"Necesita un gran cliente para hacerlo en grande" parecía ser el objetivo de muchos de mis compañeros de redacción cuando empecé. La idea era: ir tras el pez gordo, puesto que, si atrapa uno, tendrá dinero suficiente.

En otras palabras, un cliente de renombre esencialmente le "haría". (¡Un gánster o estilo mafioso, hombre!) Y el hecho es que sí.

¿El problema?

Todos apuntan al mismo pez gordo. Eso es terrible desde el punto de vista del posicionamiento. Imagínese esto. Está parado en la fila con 30-40 personas todos quieren el mismo "trabajo". El contratante ve a todos estos hambrientos y esperanzados profesionales independientes arrastrándose a sus pies para tener la posibilidad de conseguirlo como cliente.

Lo más probable es que no van a elegir a *ninguno* de los que están "haciendo fila". ¿Por qué no? Porque la mayoría de ellos son autónomos nuevos que aún no tienen las agallas para competir a este nivel.

Van a elegir al profesional experimentado que les recomiende otro profesional independiente, basándose en un historial de resultados. El profesional experimentado no está en la fila. Está haciendo que un Gran Cliente se ponga en contacto con *él*.

¿Ve la diferencia?

Ilustré la inutilidad de este método de "apuntar a los grandes clientes" con una metáfora de "hacer fila". Pero en realidad, esa es una escena real en la que participé siete veces en una popular "feria de trabajo" para redactores.

Imagínese: 40 publicistas en una habitación, instalados en un puesto de feria comercial, todos buscando al mejor redactor publicitario para añadir a su equipo. En el mismo espacio, 350 o más redactores independientes, todos ellos clamando por ser contratados. Claro, es un evento para establecer contactos. Pero usted se alinea junto a su competencia, tiene unos 60 segundos para darse la mano e intercambiar tarjetas de presentación, y recibir un amistoso "le llamaremos" mientras pasa al siguiente cubículo.

Un poco triste, ¿verdad? Yo sí encontré un buen cliente de esa manera. Una vez, en siete años. Uno de los aproximadamente 50 o más de los que yo aspiraba, y tomando en cuenta que yo ya tenía una trayectoria en ejecución.

No sea ese profesional independiente esperando en la fila.

¿Quién perpetúa esta vaca sagrada que los grandes clientes son el camino a seguir? Adivine. Las grandes compañías que quieren una fila de gente esperando para trabajar con ellos…y las empresas que patrocinan las llamadas ferias de empleo. No se crea ese sistema. Las probabilidades están en su contra.

Los grandes clientes son geniales si tiene las habilidades para conseguirlos y entregar resultados. Pero hay formas más rápidas y mejores para que los autónomos principiantes e intermedios entren en el negocio, construyan una buena base de clientes satisfechos y ganen un buen dinero.

Emplee la estrategia de "ataquemos donde no estén". Vaya donde los demás no están. Es simple oferta y demanda. Si la mayoría de los autónomos persiguen a los grandes clientes que pagan las tarifas más altas, tome un rumbo diferente.

Vaya por clientes más pequeños y en más cantidad.

Puedo decirle lo siguiente. Las pequeñas y medianas empresas (PYMES) las cuales aprecian su trabajo, son mucho más agradables de tratar que los grandes clientes quienes dictan todos los términos de la relación laboral, pues saben que tienen una fila de personas detrás de usted esperando la oportunidad de trabajar con ellos.

Si usted ya es un profesional independiente, vaya por los grandes clientes, con seguridad. Si está tratando de establecer un negocio por cuenta propia, ataquemos donde no están. No sea el profesional independiente que hace fila.

Vaca Sagrada # 7

Nos hemos referido a seis vacas sagradas hasta ahora. Las ideas que se presentan a los recién llegados que parecen estar por encima del cuestionamiento o la crítica. Hemos hablado del mito de la riqueza fácil, la idea de tener que "pagar sus contribuciones", el problema de la cartera, el enfoque de nicho de mercado para construir un negocio independiente, estudiando a los maestros, y apuntando a los grandes clientes.

Tengo una vaca sagrada más que matar. No voy a entrar en grandes detalles aquí porque voy a hablar más de ello en el capítulo 14. Por ahora, permítame decirle algo muy claramente:

Hay una gran diferencia entre ser un trabajador independiente y ser un propietario de un negocio.

Si usted es un profesional independiente, va de trabajo en trabajo, ofreciendo sus servicios a cualquiera que sea un buen partido. Puede ser un autónomo muy bien pagado si es excelente en lo que hace y cumple con un horario completo.

Se le paga por sus talentos. Si usted es un redactor publicitario independiente, diseñador gráfico, restaurador de sitios web o escritor de contenidos, sus ingresos dependen enteramente de que *usted* haga un buen trabajo. Usted es la motivación principal, como debería serlo.

Este es el modelo que vi cuando comencé a escribir. El único modelo. Esta es la última vaca sagrada que quiero matar por ahora. Me enseñaron que...

"Ser un profesional independiente se trata de trabajar para los clientes"

Solo hay un problema con ese modelo.

Cuando usted deja de trabajar, sus ingresos también se detienen. Puedo escucharle preguntar: *"¿Qué quiere decir? ¿No es así como son la mayoría de los trabajos? Usted deja de trabajar y ya no le pagan, ¿verdad?"* Exactamente.

Mientras que la mayoría de los trabajadores independientes piensan que han entrado en un nuevo mundo maravilloso de libertad ilimitada— ¡No hay jefe! ¡No más de horario 9 a 5! ¡No hay compañeros de trabajo fastidiosos! ¡Sin desplazamientos!

—Lo que realmente han hecho es comprarse un trabajo, aunque sea flexible, con ellos mismos como jefes.

No hay nada malo en ello, pero no se equivoque, ser un profesional independiente altamente remunerado no es lo mismo que establecer un negocio.

Déjeme darle un ejemplo. Conozco a varios redactores de nivel-A que se ganan muy bien la vida, entre 150.000 y 300.000 dólares al año. Es un buen dinero. Se han forjado una buena reputación a lo largo de los años, y nunca les falta trabajo.

El problema es que, *todo* depende de *aquellos* que proveen el trabajo. Son lobos solitarios que nunca construyeron ningún proceso o sistema en su negocio. Nunca incorporaron ningún tipo de automatización para su servicio autónomo.

Y posiblemente nadie podría reemplazarlos. Ellos son el talento. Algo así como un cantante o actor popular, con una gran diferencia. Un cantante o actor es el talento, y si dejan de trabajar, por supuesto, los nuevos ingresos se agotan.

Pero lo más probable es que ese cantante o actor tenga alguna propiedad intelectual. O los derechos de publicación de su música (con suerte), o recibirán regalías de la película o derechos de sindicación.

Un autónomo altamente remunerado (redactor o cualquier tipo de independiente) no posee ninguna propiedad intelectual, no posee un sistema de negocios que pueda vender a otra persona. No tienen un comercio al que los clientes seguirán acudiendo, aunque ellos no estén como protagonistas. Como autónomos, no tienen ningún tipo de capital.

Sí, ellos han sido bien pagados a lo largo de los años. Pero, ¿qué sentido tiene trabajar duro, desarrollar un nivel de talento poco común y ganar bastante dinero, si no puede hacer algo con él —VENDERLO— en algún momento?

¿En la redacción (o en cualquier tipo de trabajo independiente) se trata de trabajar para los clientes? No. ¡No debería ser así!

Esa es la séptima vaca sagrada que quiero matar: "Ser un profesional independiente se trata de trabajar para los clientes".

Hay mucho más en el trabajo autónomo, y de eso se trata El Manifiesto del Profesional Independiente.

Entonces, ¿cuál es la alternativa?

Construya un negocio utilizando las habilidades de redacción (sus habilidades de redacción o las de otra persona—es bastante fácil contratar a un redactor).

Construya un negocio que algún día pueda VENDER.

Voy a entrar en detalles sobre este concepto en el capítulo 14, "Convierta sus grandes ideas y habilidades de redacción en una empresa rentable".

De hecho, le daré un plan para que sepa exactamente cómo hacerlo. Yo mismo lo estoy haciendo en este momento, y también lo hacen muchos otros miembros de Café Writer.

Sin embargo, no se adelante. Si pasa de largo los capítulos del 5 al 13, usted se perderá de la organización y el orden lógico que hacen de todo este libro **una guía**. Es su *libro de jugadas para ayudarlo a realizar trabajos independientes diferentes al 98% de los trabajadores autónomos del mercado.*

Así que, déjeme preguntarle. **¿Tendrá usted, una mente abierta sobre la posibilidad de establecer, un negocio en lugar de ser un trabajador independiente?**

Sí, sé que suena extraño ya que he escrito un libro llamado El *Manifiesto del Profesional Independiente.* Pero tengo que decirle: el título original era *La Muerte de un Autónomo,* y el subtítulo era *11 Grandes Ideas para superar el lado oscuro del trabajo independiente.*

Afortunadamente, tuve una grata llamada con la escritora Sam Horn, cuando estuve escribiendo este libro en Quito, Ecuador. Ella es la autora del libro, SOMEDAY (Algún Día) no es un día de la Semana. Ella me convenció de que "La Muerte de un Autónomo" y "El lado Obscuro del Trabajo Independiente" también podrían ser un poco exagerados, bueno…oscuros. En este punto, ella sugirió "El Manifiesto del Profesional Independiente", y estoy siempre en deuda con ella. Gracias de nuevo, Sam. (Ahora, le sugiero comprar su libro también. Es uno de mis favoritos).

¡Realmente iba a hablar de la MUERTE de un autónomo! Lo sé, lo sé…es sombrío, y va completamente en contra del tema de la economía del trabajo temporal, del cual hablé en el capítulo uno.

¿Sabe qué? No obstante, si voy a hablar sobre la muerte del trabajo independiente…tal como la conocemos.

Me estoy acercando peligrosamente a divulgar demasiado tan pronto, no obstante, permítame finalizar este capítulo dejándole con un pensamiento, el cual podría hacer que se pregunte, por qué está leyendo este libro.

El trabajo independiente llegó para quedarse. *Estamos* en la economía del trabajo temporal. Puede ganarse la vida bastante bien como autónomo, si se da cuenta en que se está involucrando, sobre todo, si hace las cosas de manera un poco diferentes a la mayoría de los independientes. PERO…

El trabajo independiente no es lo que debería aspirar.

Quédese conmigo, y le mostraré una mejor manera.

Pero primero, 11 cosas de las que nadie quiere hablar…

Capítulo 5: El lado oscuro del trabajo independiente

¡El lado bueno está por venir, lo prometo!

Si parece que el *Manifiesto del Profesional Independientes* ha sido demasiado sombrío hasta ahora, es porque quería que usted tuviera una idea clara de aquello en qué se está involucrando como independiente (o en lo que quizás ya está inmerso).

La verdad clara y sin tapujos es que trabajar por cuenta propia NO es fácil. **La primera parte es la realidad.** Probablemente no hará seis cifras en su primer año. Usted no tendrá para "pagar sus deudas" durante años antes de hacerlo en grande, pero si necesita un plan sólido.

Antes de seguir adelante, en este último capítulo de la parte I, en el cual revelo 11 cosas de las que nadie quiere hablar.

No sólo las vacas sagradas por encima del cuestionamiento o la crítica, sino también temas de los cuales ni siquiera oirá hablar, cuando tenga la mirada fija en el maravilloso mundo del trabajo independiente.

Luego, en la parte II, el lado bueno, le daré **11 grandes ideas para superar todo el lado oscuro del trabajo independiente, para sobresalir y prosperar.**

Primero el problema, luego la solución.

¿Está conmigo? Supongo que, si ha llegado hasta aquí, lo está.

Entiende las dificultades, y sigue a bordo para convertirse en un autónomo de primera clase. Y como mencioné al final del capítulo 4, no sólo un trabajador independiente, **sino también el dueño de un negocio exitoso.**

Aquí en la estructura de mi libro hay un método. **Comenzamos con un leve estruendo y seguimos crecimiento progresivamente** a lo largo de todo el proceso. Le va a gustar especialmente la parte III, **su Abundante Futuro.**

No obstante, no se adelante o no tendrá el mismo efecto.

¿Listo para más revelaciones? Aquí están las 11 cosas de las que nadie quiere hablar:

1. No hará seis cifras en su primer año.

Sí, ya lo he mencionado anteriormente como la primera de las vacas sagradas. Permítame martillar el clavo aquí

De miles de trabajadores independientes que yo conozco, puedo contar con los dedos de mi mano la cantidad de ellos que hicieron seis cifras en su primer año.

¿Y sabe qué? Cada uno de ellos tiene una historia más profunda escondida que no revelan en su relato público, "de los andrajos a la riqueza". *"Yo estaba viviendo en el sótano de mi madre, comiendo chitos y jugando videojuegos, con 5 dólares en mi cuenta, y luego lo hice en grande por pura determinación".* Sí, por supuesto.

O bien ellos tenían conexiones de trabajos anteriores que los llevaron a un comienzo súper rápido, o tenían experiencia en ventas o márquetin como empleados antes de empezar como autónomos. Aun así, no es fácil. Yo tuve 17 años de experiencia exitosa en ventas directas, antes de trabajar como independiente, yo no empecé con un bum.

No quiero ser desalentador. Sólo realista.

Como dije anteriormente, conozco a un puñado de personas que hicieron seis cifras en su primer año como autónomos. ¡Espero que usted se convierta en el número 6! **El resto de este libro está dedicado a mostrarle cómo ser un profesional independiente de manera diferente para que usted pueda hacerlo.**

Cuando lo haga, ¡cuénteme su historia! Envíeme un mensaje a steve@cafewriter.com y posiblemente relate su historia en mi próximo libro.

2. No hará seis cifras en su primer año, y podría experimentar un flujo de caja negativo.

¿¡Qué!? Sí, conozco a personas que en su primer año gastaron más dinero del que ganaron.

Nadie habla de ello porque es vergonzoso. ¿Quién quiere admitir que su nuevo objetivo no está resultando como lo planeó? ¿Especialmente cuando se está rodeado de conversaciones sobre lo genial que es trabajar por cuenta propia?

Aquí un dato rápido. Tengo que quitarme esto del pecho.

Encuentro extremadamente desagradable e impropio hablar de cuánto dinero gana usted.

Entiendo que la gente este orgulloso de su éxito. ¿Pero por qué tantos independientes, especialmente en el mundo de la redacción, sienten la necesidad de pregonar cuánto dinero ganan?

¿Es para ganarse la admiración de los demás autónomos? Si es así, ¿por qué importa eso? ¿Están tratando de vender algo? Probablemente. ¿Usándolo para ganar credibilidad? Tal vez.

Hay otras formas de hacerlo. Pruebe con testimonios o estudios de casos. No hay necesidad de decirle a todo el mundo cuánto dinero gana usted.

Mire, vengo de ventas directas y experiencia corporativa. Entiendo que el ingreso es la medida final del éxito.

En las empresas de venta directa de las que yo forme parte, todos sabían cuáles eran los resultados de los demás. Es parte del juego. Y a partir de los porcentajes de ventas, uno podía calcular cuánto dinero ganaban el resto.

Pero en mis 17 años de ventas, nunca escuché a nadie decir: "¡Gané 102.429 dólares el año pasado!" Muy descortés. Sin embargo, lo veo todo el tiempo con los redactores independientes. Llámeme anticuado, pero creo que no es apropiado hablar de cuánto dinero se gana. Lo que significa que si quiere saber cuánto dinero hago, tendrá que adivinar o investigar mucho. O consultar con WikiLeaks.

Basta con decir que, en esta segunda edición del Manifiesto del Profesional Independientes, me va bien. Mi esposa y yo residimos en un hermoso vecindario, vivimos cómodamente, viajamos a menudo, y actualmente tenemos tres hijos en la universidad, dos en universidades privadas de élite en el Este.

Estoy seguro de estar por encima del promedio, pero no gano millones. Todavía.

Es todo lo que voy a decir sobre el dinero.

Volviendo al tema del flujo de caja negativo…

¿Realmente puede gastar más de lo que gana en su primer año como profesional independiente? Por supuesto. Piense en esto. Mucha gente empieza a trabajar por cuenta propia a tiempo parcial mientras tienen un trabajo a tiempo completo. Una jugada inteligente, por cierto.

Cuando se adentra en un nuevo campo, usted está aprendiendo, lo cual cuesta dinero. Si quiere empezar rápido, debería invertir en algunos libros, programas, conferencias y entrenamiento. Un buen lugar (gratis) para empezar es CafeWriter.com, por supuesto. Por lo menos, asegúrese de entrar en mi lista para que reciba en su bandeja de entrada dos veces por semana los consejos de cómo desarrollar un negocio.

Por lo tanto, aprender y prepararse cuesta dinero, al principio, es posible que no esté al día con el trabajo del cliente. Esto es normal, pero nuevamente, es algo de lo que nadie habla. Es muy posible que usted experimente, un flujo de caja negativo en su primer año como profesional independiente.

¿Es eso diferente a empezar un nuevo negocio? No, en absoluto. Probablemente ha visto la estadística donde la mayoría de las pequeñas empresas no obtienen beneficios en sus primeros cinco años. No sé cuán exacto es este dato, pero sé que muchos negocios no lo hacen. De hecho, las estadísticas del sba.-gov muestran que la mitad de los negocios no pasan de los cinco años. Ellos se equivocan.

Es mucho mejor si compra una franquicia, pero eso cuesta mucho dinero. Los propietarios de franquicias tampoco suelen obtener mucho beneficio los primeros años. Según un artículo publicado el 23 de febrero de 2017 en business.com, el ingreso promedio anual de 28.500 franquicitarios encuestados fue de 80.000 dólares. Previo al descuento de impuestos. El aproximado de ingresos sin descontar los impuestos para estos licenciatarios fue de menos de 50.000 dólares.

Eso es para una franquicia, con un sistema probado, orientación y responsabilidad continua. (Todas las cosas que un profesional independiente debería tener, por cierto, pero normalmente no las tiene).

A las pequeñas empresas fuera de un sistema de franquicias a menudo les va peor.

¿Entonces, es un gran problema experimentar un flujo de caja negativo en su primer año de trabajo independiente? No, pero usted no tiene por qué hacerlo.

Mi buen amigo, Alex Vermont, extraordinario redactor y el sujeto del auto Yuma, tenía un buen plan cuando empezó. Su regla era no gastar dinero en libros, programas, entrenamientos o eventos, hasta que ganara el dinero de la redacción publicitaria para pagarlos. Una gran regla, y creo que más gente debería seguirla.

Las 11 Grandes Ideas de la parte II, te mostrarán cómo permanecer en números positivos desde el primer día.

3. Tendrá gastos en los que quizás no haya pensado.

La razón por la que es difícil tener buenos ingresos positivos al principio es porque tendrá gastos. Todos los negocios legítimos los tienen.

¿Adivine qué? Si usted es un empleado ha hecho muy bien… Su empleador a menudo paga su seguro médico. Probablemente tenga unas semanas de vacaciones pagadas al año. ¿Enfermo? Llama y aun así le pagan por el día. Puede que incluso tenga un plan de jubilación de 401 mil al que su empleador aporta.

Por otro lado, cuando usted es un independiente…

Usted paga su propio seguro médico (si puede permitírselo). Usted provee su propia jubilación. Y si quiere un día libre, adelante y tómeselo, pero no ganará ni un centavo.

También tendrá gastos normales de un negocio tales como: suministros de oficina, servicio de internet, costos de publicidad, materiales educativos, así como también programas y cursos, servicios de entrenamiento, conferencias y una docena o dos de pequeñas cosas más. ¿Las buenas noticias? Todos estos gastos son deducibles de impuestos como costos comerciales.

[Repetición de descargo de responsabilidad legal: no soy abogado ni contador público certificado, y lo que viene a continuación no constituye un asesoramiento legal o profesional. Es simplemente una forma de operar que ha funcionado bien para mí y para otros que he asesorado. Consulte con consejeros profesionales legales, financieros y fiscales antes de lanzar su negocio independiente.]

¿Otra **buena noticia**? Usted no tendrá los típicos gastos de un empleado:

a) Gastos de desplazamiento

Cuando estaba en ventas, solía recorrer 30-40,000 millas al año en mi automóvil. Eso es mucho combustible y desgaste. Según el Departamento de Transporte de los EE. UU., el conductor promedio en los EE. UU. recorre 13,476 millas al año. Con gasolina, mantenimiento y seguro, son miles de dólares anuales, y no es deducible de impuestos.

b) Costos del tiempo

Además de los costos reales del transporte, piense en el tiempo que pasa conduciendo hacia y desde un trabajo. Digamos que usted pasa 30 minutos en cada trayecto. Una hora / día x 5 días / semana x 50 semanas / año = 250 horas. ¡Son seis semanas de trabajo de 40 horas en su automóvil!

¡Piense en lo que podría realizar si tuviera seis semanas adicionales cada año!

Si un profesional independiente promedio gana $ 1,000 / semana, el ahorro por no tener que movilizarse al trabajo es de $ 6,000 / año. Ese beneficio por *sí solo* hace que no quiera volver a desplazarme nunca más.

c) Costos de vestuario

En realidad, no soy una de esas personas que piensa que usted debería escribir en pijama simplemente porque quiere hacerlo. De hecho, me opongo rotundamente a ello por razones sobre las que escribiré en un minuto.

Por otro lado, no tiene que vestirse como lo haría si estuviera en un entorno corporativo o de ventas. Yo no he comprado un traje o he ido a una lavandería en seco en 15 años, y aunque mis hijos talvez piensen que necesito actualizar un poco mi estilo, tengo lo que se llama un aspecto cómodo, profesional y asequible.

d) Gastos de alimentación

Cuando trabajaba en el mundo corporativo, comía fuera muy seguido porque estaba de viaje o necesitaba un descanso mental, así que a menudo compraba comida rápida en los restaurantes. Eso suma. ¿Ahora? Como en casa, lo cual es mucho más barato y más saludable.

Sí, los beneficios del trabajo independiente superan con creces los gastos y las desventajas. No lo estaría haciendo y no habría escrito este libro si ese no fuera el caso.

A diferencia de muchos negocios que le venden el "sueño" de ser autónomo, sin embargo, quiero que sea completamente consciente de en qué se está metiendo.

La cuarta cosa que quiero abordar, y luego dejar de lado…

4. No puede escribir en pijama y no puede trabajar en la playa.

¡Estas dos ideas me vuelven completamente loco!

¿¡Por qué la vida del trabajo independiente, es constantemente retratada como ese estilo de vida donde usted puede estar todo el día en pijama en casa, o pasar el rato en la playa con su portátil!?

Déjeme hablar de estos dos temas por separado. No estoy seguro de cuál es la imagen del estilo de vida que detesto más.

En primer lugar, sobre el asunto de trabajar en pijama (o su ropa interior). ¿Qué hay con eso? De hecho, he escuchado esa frase varias veces (''¡Puede trabajar en ropa interior!") de personas que promocionan la vida del profesional independiente.

Aparte de las imágenes mentales que se evocan (y que son difíciles de borrar), piense en eso desde un punto de vista práctico. Incluso si nadie le ve, ¿puede ser realmente productivo trabajando en pijama todo el día? (Y me niego incluso a reconocer la otra pésima opción de aquí en adelante).

En serio.

No conozco a *ningún* profesional independiente exitoso que trabaje en pijama. *Ni uno solo.* Para mí, es el epítome de la pereza. Es como las personas que salen en público en pijama. (Si usted lo hace, deje de leer de inmediato, dele este libro a alguien con ambición y estilo, y ni siquiera considere trabajar como independientemente).

Lo he visto una o dos veces: personas en pijama y zapatillas comprando en el supermercado o en Target. La gente me dice que esto es más común en Wal-Mart, pero yo no sé nada al respecto.

Sinceramente, no sé cómo puede concentrarse en un trabajo productivo si no está vestido para asumir el papel. Una vez escribí una publicación completa en un blog sobre esto. Vaya a bit.ly/pajamadebate.

Así que pongamos la pijama…en la cama.

Incluso si su viaje diario es de 10 metros por el pasillo hasta su oficina en casa, será el doble de productivo (o más) si usted:

- Se levanta a la misma hora todos los días

- Se ducha como si fuera a tener una reunión

- Se pone ropa profesional bonita

- Llegue a su escritorio para hacer algo productivo a primera hora

¡Incluso si usted no es una persona de pijamas, pero usualmente se viste muy casual, le imploro que considere vestirse bien! Si ya tiene mucho éxito y su atuendo estándar son pantalones cortos, camiseta y sandalias, bueno, siga así.

No obstante, considere una actualización de vestuario. No un atuendo formal de oficina, aunque, creo que eso realmente le daría un impulso. Pero también un bonito traje casual de negocios.

¿Cree usted que personas como Richard Branson, Elon Musk y Mark Zuckerberg están en camiseta con los brazos cruzados? De acuerdo, es un pésimo ejemplo. Pero usted y yo no somos Elon y Mark. La mayoría de los autónomos exitosos que conozco, especialmente los que están en ascenso, son cuidadosos con la forma en que visten.

La otra cosa es, ¿quién sabe cuándo usted va a recibir una rápida e improvisada llamada de Zoom con un cliente? Esto es cada vez más frecuente. Yo recibo un promedio de dos o tres llamadas de Zoom al día, a veces a último minuto de alguien con quien trabajo. Quiero verme como una persona de negocios exitosa. Es parte de su marca personal, lo cual profundizaremos mucho más en el capítulo 9.

Ahora, la imagen de la playa…

Así como no conozco a nadie que sea súper exitoso y trabaje en pijama, tampoco conozco a nadie que trabaje en la playa.

En primer lugar, tiene que saber esto sobre mí. No soy una persona de playa, incluso cuando no estoy trabajando. En abril de 2010 hicimos un viaje familiar a la península de Florida, una de las mejores playas de arena blanca del mundo. Hermosas.

Me aburrí mucho después de un día. Quiero decir, ¿qué se hace? ¿Mirar las olas? ¿Jugar en ellas? ¿Tomar el sol y relajarse? Intenté leer un libro y no pude hacerlo. Quería sentarme en una silla común y leer un libro como una persona normal, en una cafetería. Lo mismo ocurrió cuando mi esposa, Emida, y yo fuimos a Oahu y a la isla Grande. No pasamos ni cinco minutos en la playa.

Aparte de no estar interesado en las playas, no veo cómo alguien puede *trabajar* en la playa. La arena y la loción de bronceado no son una buena combinación con las computadoras portátiles. ¿Y dónde está el escritorio o la mesa? ¿Puede usted hacer un trabajo creativo y productivo desde una silla de playa? No lo creo.

Más que los desafíos prácticos de trabajar en el estilo de vida de la playa, la imagen simplemente no funciona para mí. "Vagabundear en la playa" es sinónimo de vivir sin preocupaciones, evitar el trabajo, escapar de la realidad, vaciar la mente de los pensamientos de negocios y empresas productivas. No veo cómo eso equivale a éxito en el trabajo independiente.

Entonces, ¿por qué el estilo de vida de los autónomos es a menudo retratado como pasar el rato en la playa con un portátil? Porque la gente quiere creer que es **fácil** y **divertido**. ¡No es *ninguna* de las dos cosas!

Trabajar independientemente NO es fácil, y no es divertido...hasta que no esté girando dinero. Y no llegará hasta ahí pasando el rato en la playa.

Olvídese del estilo de vida descalzo en la playa. ¡Sea disciplinado siéntese en la silla de su oficina en casa, o vaya a un café!

CafeWriter.com, eso es. ¡No me llaman el escritor de café por nada! Más sobre esto en el capítulo 20.

5. Otros no respetarán su libertad

Esto es algo grande.

Bien, hemos establecido que tal vez trabajar en pijama o en la playa no es muy propicio para operar un negocio exitoso. Aun así, usted tendrá una considerable dosis de libertad.

Podrá establecer su propio horario. ¿Quiere levantarse temprano o trabajar hasta tarde por la noche, para poder pasar más tiempo con sus hijos? Es por eso que elegí la vida independiente. Pude asistir a todos los ensayos, prácticas, lecciones y juegos de mis hijos. También fui el único padre, que se ofreció como voluntario en el aula durante cinco años cuando mis hijos estaban en la escuela primaria.

¿El problema con eso? La gente no se dará cuenta de que usted está dirigiendo un negocio. Creerán que tiene un pequeño, divertido y creativo "pasatiempo" que lo hace desde casa. Y pensarán que usted está disponible para todo tipo de cosas.

Las madres que trabajan de manera independiente, me dicen que a menudo reciben peticiones de otras madres, para que les ayuden a recoger a sus hijos de la escuela, o para organizar una "cita para jugar" ya que están en casa de todos modos. Trabaja desde casa, ¿por qué no? No lo haga.

Los amigos que no entienden que trabajar desde casa requiere un horario estricto y una agenda disciplinada harán lo contrario. Regularmente recibo peticiones como esta: *"Oye, Steve, ¿quieres tomar un café el miércoles?"* La respuesta que me gustaría dar es: *"Claro. ¿Qué proyecto de negocios estamos haciendo para analizar, y eso va a ser más beneficioso para ti o para mí?"*

No digo eso, obviamente.

Lo que sí digo es: *"Hombre, me encantaría, pero estoy trabajando 70 horas semanales estos días, y tengo unos plazos muy exigentes. ¿Quizá el mes que viene?"*

Claro que, cuando llega el siguiente mes, la misma respuesta. No digo que nunca me divierta, y ocasionalmente tengo una cita para almorzar o tomar un café a mitad del día durante la semana. Pero ponga parámetros a su tiempo. Tiene que hacerlo, o la gente no tomará en serio lo que hace.

Incluso los cónyuges no lo entienden a veces. Afortunadamente, Emida siempre lo ha hecho. Ella ha sido la esposa más comprensiva que pude haber conseguido. Incluso desde el principio, cuando trabajaba largas horas y no ganaba mucho dinero, ella me entendió.

No me pedía que fuera a hacer las compras al supermercado a mitad del día, que limpiara la casa o cortara el césped. Esas cosas las hacía (normalmente ella), pero no durante las horas normales de trabajo.

¿Qué hay de los niños?

Dependiendo de sus edades, pueden o no entenderlo. Cuando comencé como redactor independiente a tiempo completo en marzo de 2009, mis hijos tenían 12, 10, 8 y 5 años. Sabían lo que estaba haciendo, pero no del todo. Mi oficina era uno de los dormitorios, todos ubicados en el nivel superior.

Tuve que hacerles comprender que tenía ciertas "horas de oficina", y también tenía que recordarles que hicieran silencio cuando recibía una llamada de un cliente. La puerta de la oficina cerrada significaba que estaba trabajando. ¿Gorra de béisbol colgada de la perilla de la puerta? ¡Silencio! Estoy al teléfono.

A medida que crecían, eliminé la gorra de béisbol. Sabían que, si la puerta estaba cerrada, no debían hacer mucho ruido. También llegaron a comprender que había beneficios para mí, el trabajar largas y extrañas horas. Como poder tomarse tres semanas en diciembre para ir a visitar a la familia de Emida en Nigeria.

O tomarse nueve semanas en el verano para compartir en familia en Quito, Ecuador.

Sí, la vida de un profesional independiente tiene sus inconvenientes y recompensas. Mucha gente que mantiene trabajos regulares de 8 a 5, sin embargo, no reconocerán o respetarán su horario.

¿La solución?

- Fije las horas de trabajo. Dígale a su familia y amigos cuáles son sus horarios. Póngalos en su página web para los clientes. Ponga parámetros a su tiempo.

- Diga "¡no!" No acepte todas las invitaciones para el almuerzo o el café solo porque puede. Establezca un precedente desde el principio y sea disciplinado con su tiempo.

- Haga que su familia suba a bordo. Dígales que trabajará muchas horas e indíqueles cuáles son sus horarios de trabajo. Entonces apéguese a ellos tanto como sea posible.

- No conteste el teléfono durante las horas de trabajo. De ninguna persona, incluidos clientes o prospectos, a menos que sea una llamada programada. Explicaré esto más tarde.

- Lo mismo con el timbre. No le abra la puerta a nadie. Yo recibo paquetes de Amazon todo el tiempo, pero dejo que la persona de UPS o FedEx lo deje en el porche.

- ¡Escóndase de la gente! Haga que sea muy difícil para las personas contactarlo.

- Incluso si nadie más exige su tiempo, sea disciplinado. No haga mandados durante el día. No sea perezoso ni haga actividades externas como limpiar la casa o cortar el césped con la excusa de que necesita un "descanso mental". Establezca horarios de oficina y apéguese a ellos.

- Hablando de eso, considere la posibilidad de contratar a alguien para limpiar su casa y cortar el césped. Antes de casarme, cuando estaba en ventas, tenía un ama de llaves y un jardinero. Ahora, Emida disfruta hacer trabajos externos, así que no contratamos a alguien más. A nadie le gusta limpiar, pero para eso están los niños, ¿verdad? En pocas palabras: no hago nada, yo puedo conseguir que alguien más lo haga.

- Por último—establezca recompensas para usted mismo, especialmente si tiene a su familia involucrada. Si su cónyuge o sus hijos tienen que lidiar con usted y su extraño horario de trabajo independiente, asegúrese de que ellos también se beneficien del trabajo y la disciplina.

En nuestra casa, los viajes siempre han sido la gran recompensa. Además de los viajes internacionales que mencioné, a lo largo de los años también he llevado a Emida a varios viajes, incluyendo lugares como Buenos Aires, París, Roma, Jerusalén, y numerosos paseos a Nueva York (mi ciudad favorita en el mundo).

Además, mientras crecían, cada uno de mis cuatro hijos hizo un viaje individual conmigo cuando tenían 6, 9, 12 y 15 años. ¡Así que, sí, Emida me dejó ir a 16 viajes diferentes e individuales con los niños mientras ella se quedaba en casa! Viajamos a

Nueva York, Los Ángeles, Toronto, Chicago, Boston, D.C., e incluso Islandia y Groenlandia. Esos fueron algunos de los mejores recuerdos que he tenido (y espero que Alex, Solomon, Sapphina y Zaria puedan decir lo mismo).

Cualquiera que sea su sistema, asegúrese de establecer algo para recompensarse a usted y a su familia, y hágalo a cada paso del camino. No tiene que esperar hasta que esté ganando mucho dinero. Yo no lo hice.

¿Sigue conmigo? De nuevo, **vamos a llegar al lado brillante en la parte II,** pero quiero que sea consciente del lado oscuro real—primero. No es por asustarle, pero es para que sepa lo que le espera...

Puedo decirle lo siguiente. Yo no cambiaría por nada del mundo el estilo de vida de los independientes.

Menos mal, pues, aunque quisiera, no creo que podría volver a ser un empleado. Y no estoy seguro de que alguien me contrate. Tengo 53 años, no he presentado un currículum o he tenido una entrevista de trabajo desde 2001, honestamente no me va bien en los cubículos corporativos. He estado trabajando para mí mismo durante tanto tiempo, que temo que sería un pésimo empleado. Demasiado asfixiante, entre muchas otras cosas.

Ahora, ya que usted y yo tenemos una visión positiva del trabajo independiente, necesito contarle un pequeño secreto...

6. "Ser Independiente" suena como si no pudiera conseguir un trabajo.

¡Ja! Es algo que hay que tener en cuenta. Para cualquier futuro empleador (si alguna vez planea volver a buscar un trabajo), "autonomía" implica que usted estuvo de trabajo en trabajo por demasiado tiempo, o que trato de hacer sus propias cosas y no funcionó.

No le recomendaría nunca poner nada de "trabajo independiente" en su currículum.

Puede que no le importe lo que la familia, los amigos o los futuros jefes desconocidos puedan pensar de la palabra "autónomo". ¿Pero qué hay de los clientes? Por lo que he visto y escuchado de ellos, es algo muy sutil.

Aquí está mi opinión al respecto. Llámese un "profesional independiente", y algunos clientes pensaran:

"Él simplemente va saltando de un trabajo a otro. Probablemente estará feliz de que yo le dé trabajo y, como tal, podré dictar los términos. También sé que los autónomos prácticamente no tienen gastos indirectos, ya que no están operando un negocio real, así que probablemente no necesite pagarle la misma tarifa que pagaría a una agencia".

"El Autónomo" tiene connotaciones de despreocupado, de desatender a los clientes versus ser responsable, de carecer de sistemas de negocios, de tener condiciones de pago flexibles, y sobre todo de llegar a acuerdos versátiles.

No es tan bueno si usted es un profesional independiente. ¿Ve dónde le puede perjudicar esa imagen de autónomo? No es que un cliente se vaya a aprovechar conscientemente de usted si así es como piensan de los autónomos, aunque podrían.

Se trata de cómo el posicionamiento general en la relación cliente-proveedor se resquebraja un poco.

Los clientes que contratan a u profesional independiente, creen que él está ávido por trabajar, y obviamente van a pensar que tienen la ventaja. Ellos tomarán las decisiones y dictarán los términos del proyecto.

Por otro lado, si usted se promociona como un *propietario de un negocio* **que tiene la solución a su problema**, y los califica para ver si encajan bien en lo que hace, entonces usted tiene el control. ¿Ve la diferencia?

El posicionamiento entre usted y los clientes potenciales se equilibra. Le resultará más fácil atraer negocios. Tendrán más respeto por usted desde el principio, y no le harán tantas preguntas sobre sus honorarios o condiciones. Más sobre este tema en el capítulo 9, "Crear (y aprovechar) una Marca Memorable", y en el capítulo 17, "Por qué estoy enterrando a los autónomos para siempre".

Por ahora, dese cuenta de que llamarse a sí mismo independiente puede no ser su mejor jugada.

A continuación, me referí a esto brevemente al final del capítulo 1, "La economía del trabajo temporal llego para quedarse"...

7. La oferta y la demanda favorecen al cliente más que al profesional independiente.

Es simple economía. No me interesa lo que le digan. No importa qué tipo de profesional independiente es usted—redactor, diseñador gráfico, gerente de redes sociales—hay muchos más como usted que buenos *clientes*.

"Espere un segundo, Steve", puedo oírle decir. "¿Cómo sabe eso con certeza? Ni siquiera conoce cuál es mi área de especialidad. He encontrado un nicho de mercado oculto, en demanda, que otros autónomos ni siquiera se enteran todavía."

Me parece justo. Que disfrute de su nicho de mercado secreto y no competitivo por ahora, porque no va a durar.

(Y rápidamente obtenga un ejemplar de uno de mis otros libros, 47 Ways to Do Copywriting (47 Maneras de Hacer Redacción): *Nuevas formas de posicionarse y crear un negocio rentable,* ahora disponible para los miembros del Café Writer y pronto en Amazon*).*

¿Cómo sé que no durará? Porque no se puede operar un negocio sin ser visto, especialmente en línea. Algún otro autónomo en algún lugar de la tierra lo va a encontrar. Y si se dan cuenta de que está en un nicho de mercado desconocido rebosante de clientes ansiosos, ¿Adivine qué? ¡Van a irrumpir en el!

Muy fácil de hacer, ¿verdad? Hay una barrera bastante pequeña para entrar en cualquier tipo de trabajo independiente en estos días. Sí, necesita algunas habilidades. Pero no es necesario ningún entrenamiento especializado, educación o certificación. ¿Quiere ser un redactor independiente? Absorba un poco de información gratuita en línea, y ¡voilà! Es un redactor publicitario. ¿Quiere especializarse en un nicho de mercado apasionante, nuevo y desconocido? Eso tampoco llevará mucho tiempo.

Mi punto es este. La oferta de trabajadores independientes siempre excede la demanda. O lo hará pronto. La naturaleza aborrece el vacío, como dicen. Y si hay una brecha en el mercado, pronto se llenará.

¿Acaso esto significa que no hay esperanza o un profesional independiente para hacerlo en grande? ¿Es el trabajo independiente una proposición fútil? ¿Estoy escribiendo este libro en vano?

No, en absoluto.

Entonces, ¿qué tiene que hacer?

- Diferenciarse (Capitulo 6)

- Sea creativo (Capitulo 7)

- Crear (e impulsar) una marca memorable (Capitulo 9)

- Reclame su lugar (Capitulo 10)

- Sea mejor que su competencia en la comercialización y venta (Capitulo 11)

- Expanda su negocio (Capitulo 15)

El último podría ser el más importante.

Vaya más allá de una operación como autónomo que dependa principalmente de usted y de sus habilidades. Ignore la ley de la oferta y la demanda a su propio riesgo. *Reconozca las normas, juegue con sus reglas y saldrá victorioso.* Sí, incluso en un mar de profesionales independientes.

8. "Seguir al seguidor" es otro lugar peligroso para permanecer.

Esto es lo que quiero decir. En mi último punto sobre la oferta y la demanda, mencioné que cuando hay una brecha en el mercado, esta se llena.

Por ejemplo, digamos que una nueva tecnología emerge en escena, como los drones hace unos años. Es un mercado floreciente, y un número de nuevas compañías que fabrican drones emergen en la escena.

Algún joven y emprendedor redactor independiente, decide que va a especializarse en asesorar a las compañías de drones para que lleven su producto a las masas, con un sistema patentado de publicidad de respuesta directa.

Eso es genial, y probablemente tenga el mercado para sí mismo por un tiempo. Sin embargo, hay algunos problemas.

Primero, a menos que escale su negocio rápidamente, no hay forma de que pueda servir a todas las nuevas compañías de drones. Segundo, ya que no puede ayudar a todas, otros experimentados y ambiciosos redactores pronto se moverán y cubrirán esa demanda. Eso es genial, también, hasta el punto en donde la oferta es = a la demanda

El tercer problema es que los autónomos de todo tipo tienden a jugar a "seguir al seguidor". Observan lo que otros independientes hacen, buscan oportunidades atractivas y siguen su ejemplo.

¿El resultado? Terminan con un montón de autónomos parecidos entre sí, que han estado siguiendo a los seguidores.

¿Un mejor enfoque? **Piense, adelántese a la curva** (el primer tema en la Parte II, El lado bueno). Además, manténgase fuera del radar tanto como sea posible cuando se le ocurra una gran idea (Capitulo 8). Y por décima vez hasta ahora en este libro, y algo que seguiré remarcando e insistiendo, ¡construya su marca personal! Solo usted *puede* hacerlo. Más acerca de este tema en el capítulo 9.

Una cosa más sobre el juego "seguir al seguidor". Tengan cuidado de comprar y seguir el último programa para autónomos "Seis cifras en seis meses".

- Si suena demasiado bueno para ser verdad, podría serlo. Las afirmaciones exageradas venden programas, pero a menudo no dan resultado.

- Los programas de "cortador de galletas" son geniales para los franquiciados y los vendedores de la red. Pero no tan buenos para los independientes que tratan de distinguirse. "Una talla para todos" normalmente no sirve.

- Si *usted* compra el programa, es probable que también lo hagan cientos de otros autónomos. La brecha que pudo haber existido cuando el autor del programa escribió dicho sistema, desaparecerá rápidamente cuando muchos proveedores nuevos (independientes) inunden el mercado con sus servicios similares.

La ley de la oferta y la demanda siempre está vigente.

¿Una mejor solución para jugar a "seguir al seguidor"? Piense antes de la curva (Capitulo 6) y cuando encuentre una brecha en el mercado, ¡guárdela para usted! Manténgase fuera del radar (Capitulo 8).

Ahora, aquí estoy diciéndole que tenga cuidado de comprar paquetes que prometen riquezas fáciles, de cómo hacerlo, por cuenta propia. Sin embargo, estoy en el negocio de promover mis propios programas. ¿Cuál es la diferencia? Creo en los sistemas y procesos, indudablemente.

¿Más allá de eso? Le sugiero desarrollar su propia marca personal y debería contratar a *alguien* (yo u otro asesor) que trabaje con usted de forma individual, que le proporcione información y orientación específicamente adaptada a su situación.

Como mínimo, únase a un sitio de membresía donde recibirá entrenamiento, recursos, asesoramiento e ideas. Hay docenas de ellos, y soy un poco parcial, pero creo que el mío es uno de los mejores. El bajo costo mensual de una membresía de Café Back Room es una inversión sin complicaciones, si usted es escritor, dueño de un pequeño negocio o un profesional creativo.

En resumen: No juegue a "seguir al seguidor". **Sobresalga y sea original.** Hágame saber si puedo ayudarle de alguna manera en steve@cafewriter.com.

Tres asuntos más del lado oscuro antes de cruzar al lado brillante...

9. Hacer realmente bastante dinero es una posibilidad remota.

Gracias por acompañarme. ¡Una de las razones por las que he pasado tanto tiempo explicando los retos del trabajo independiente es porque *nadie más lo hace!* Todos los demás se recubren de azúcar únicamente para venderle el sueño.

La vida despreocupada, viviendo a lo grande, descalzo en la playa con su estilo de vida independiente es una ilusión.

Trate su trabajo independiente como a un negocio, como si hubiera invertido 100-200 mil dólares, así como lo hacen para iniciar varias pequeñas empresas o franquicias. Luego escuche las sugerencias de este libro y tendrá muchas más posibilidades de éxito.

Hablando de sus probabilidades de éxito… ¿Cuáles son? Depende de cómo usted define el éxito.

Soy un gran fanático del béisbol, y espero que usted tenga alguna familiaridad con el juego para que pueda entender mi analogía. Pero primero, creo que cualquiera que se establezca como autónomo hoy en día, consiguiendo clientes, y ganando lo suficiente para pagar sus facturas, es un éxito. Si ese es usted, yo le aplaudo.

También supongo que no estaría trabajando por cuenta propia si no quisiera ganar un *buen* dinero. Supongo que quiere llegar a las *ligas mayores*. Ahora, tome en cuenta que yo no tengo idea de cuáles son los números de ingresos reales para los profesionales independientes. Es casi imposible saberlo. No es algo que el gobierno rastree, como las estadísticas del departamento del trabajo sobre los salarios de los empleados para diversas profesiones.

El trabajo independiente es un gran viejo oeste, libre para todos; y no hay manera de determinar los números. Piense en todos los autónomos del mundo. Y ahora, solamente piense en su área. Si es diseñador de páginas web, piense en todos los diseñadores de páginas web que hay. Si es diseñador gráfico, piense en todos los diseñadores gráficos.

Ya que soy un redactor, voy a usar este ejemplo. La gran mayoría de los publicistas son como todos los jugadores de béisbol del país, que sueñan con jugar más allá de la escuela secundaria o la liga Babe Ruth. Chicos que quieren jugar en la universidad o en las ligas menores y aspiran a triunfar en las grandes ligas de béisbol.

De hecho, hay 486.537 jugadores de béisbol de secundaria en los EE.UU. Hay 56.578 jugadores de béisbol universitarios, 5.856 de ligas menores y 750 de ligas mayores. No hay muchas probabilidades, ¿verdad?

¡Una rápida búsqueda en Google y un poco de investigación muestra que, hay tantos redactores independientes como jugadores de béisbol de secundaria! Competencia demencial (pero no se preocupe, **le mostraré cómo evitar el 95% de ella en este libro).**

Si usted está ganando hasta 100.000 dólares al año, probablemente está con alrededor del 90% de sus compañeros. Está jugando en la secundaria o tal vez en las ligas menores. No se trata de degradar sus habilidades, su entusiasmo, o sus ingresos. ¡Está en el juego, y está haciendo algo de dinero! Felicitaciones.

Cuando llegue a $ 100,000 o tal vez hasta $ 200,000, lo está haciendo realmente bien. Gana mucho dinero y tiene una buena oportunidad de ir más allá y llegar a las grandes ligas. Yo llamaría a esto una bola triple A. En el béisbol, muchos jugadores en el nivel triple A son convocados al equipo de las grandes ligas.

Tiene habilidades muy sólidas, se está ganando un nombre, se hace conocer, y si continúa practicando los fundamentos, obtiene un buen entrenamiento y perfecciona su juego, podría estar disputando en las ligas mayores. Los jugadores/ autónomos de la triple A están en el 5% de los mejores.

Ahora, suba al rango de 200.000 a 500.000 dólares y estará allí. Está en las ligas mayores, en el 1% de los mejores, bastante establecido de por vida.

¿Son estas sus probabilidades de llegar a esos números? No lo sé exactamente, pero apuesto a que los números de béisbol y de la redacción están cerca el uno del otro.

¿A qué me refiero?

Llegar a las "Ligas Mayores" de redacción o a cualquier especialidad independiente NO es fácil. Es una posibilidad remota de ganar realmente mucho dinero.

Si está contento jugando en las ligas menores (y puede ganar mucho dinero allí), todavía tiene que trabajar duro y hacer las cosas bien. ¿Las buenas noticias? **Cuanto más alto suba, menos competencia hay**.

Hay *excesiva* competencia en las ligas de niveles menores. Ponga su mira más alto, y haga lo que tenga que hacer para subir de rango, y todo se vuelve más fácil. Yo le llamo la paradoja de las grandes ligas.

Si puedo darle un consejo, es lo siguiente: Apunte a la liga mayor. Piense que está en esto a largo plazo, y haga lo necesario para superar a su competencia, golpear, correr y pegar a su competencia (para mantener la analogía del béisbol).

Hmm… eso me da una idea para un eslogan:

Ser más listo, Jugar más, Durar más.

Me suena familiar. Puede que ya esté hecho.

¿Qué tal "pensar mejor, trabajar mejor, promocionar mejor"? Podríamos tener algo ahí.

Dos cosas más de las que nadie quiere hablar…

10. ¡No tener un jefe no es bueno!

¿Una de las mayores razones por las que la gente decide dejar sus trabajos y convertirse en autónomos? No les gusta su jefe. Es demasiado exigente. Sabe menos que usted. Es perezoso. No valora sus contribuciones a la empresa. No le da suficiente tiempo libre…y así sucesivamente.

Es la naturaleza humana no gustarle su jefe, ¿verdad? Dígame que nunca tuvo esta experiencia. Mientras realiza un trabajo que no le gusta, para un jefe que realmente le desagrada, usted empieza a fantasear:

"Sería genial trabajar para mí mismo."

"No puedo esperar el día en que pueda renunciar y comenzar mi propio negocio."

"Me van a extrañar cuando me vaya."

"Yo me dedicaré a mejores cosas y él probablemente se quede atascado en este trabajo para siempre".

"Soy mucho mejor que esto. Me merezco algo mejor".

O simplemente, *"Este trabajo apesta"*.

Le comento que he hablado con (y luego asesorado) a cientos de profesionales independientes. Es increíble cómo muchos de ellos parecieran estar *huyendo* de algo (un trabajo o un jefe que no les gustaba) lo que es *más* ellos estaban corriendo *hacia* algo.

De cualquier manera, ya sea que usted se dedique a trabajar por cuenta propia después de dejar un trabajo que le gusta o no, le diré algo que nunca escuchará a los profesionales independientes admitir:

¡Tener un jefe es una buena cosa!

"¿Qué? Usted es un redactor publicitario independiente exitoso. ¿Cómo puede decir que tener un jefe es bueno? ¡Sacrilegio!"

Sí, en realidad he tenido esa reacción de personas que piensan que estoy repudiando la noble vocación de ser un profesional independiente diciendo que los jefes son buenos.

Esto es lo que quiero decir. Hay una razón para la estructura gerencial que se ve en el mundo corporativo. Funciona.

Los gerentes y "jefes" son vitales para la eficiencia y la rentabilidad de una empresa. Jefes:

- Sacar más de usted de que lo que haría operando por su propia cuenta.

- Le mantiene caminado con comentarios y revisiones de rendimiento.

- Le dará objetivos a los que aspirar.

- Desempeñan un papel importante entre los puestos de dirección y los puestos a nivel de empleado.

En resumen: un jefe le extraerá más producción de la que obtendría operando por su propia cuenta.

¡Y eso es lo que falta en el mundo del trabajo independiente! No tenemos a nadie que nos haga responsables o que nos lleve por el buen camino. Nadie que se siente con nosotros para una revisión de rendimiento anual o trimestral. **Nadie que espere grandes cosas de nosotros.**

Lo diré otra vez: **No tener un jefe no es algo bueno.**

Ahora, si usted es una persona extremadamente disciplinada, se fija metas altas para usted y siempre las alcanza, y no necesita que nadie le ponga los pies sobre el fuego, yo le aplaudo.

Usted es uno de los excepcionales, y no tendrá problemas para triunfar como autónomo.

Pero si usted es como yo, cuando no tiene a nadie quien vigile lo que hace y le haga responsable, usted ocasionalmente puede ser un poco perezoso.

Puede que no logre hacer tanto cada semana como lo haría teniendo un jefe, o un "gerente de ventas", vigilando sus números.

Si eso lo describe a usted, no está solo. Yo diría que la mayoría de la población en cualquier línea de trabajo necesita un "jefe" de algún tipo. Incluso los autónomos. *Especialmente* los autónomos, porque ¿usted sabe lo que pasa si no lo tiene? Simplemente no alcanzará todo su potencial como profesional independiente.

"Yo me convertí en un profesional independiente en parte para ser mi propio jefe. ¡¿Ahora me está diciendo que <u>necesito</u> un jefe?!"

Bueno, no un jefe en sí mismo. Un consejero. Y si esto suena completamente egoísta porque soy un asesor de negocios para autónomos, me ha descubierto. Sí, esto es en parte un conector para mis servicios. Trabajo con escritores y redactores independientes que intentan construir un negocio.

Hago llamadas de asesoramiento una sola vez, llamadas mensuales continuas y retiros de inmersión en pequeños grupos de negocios. **Ver Servicios en CafeWriter.com para más detalles.**

No puedo trabajar con todos los que leen este libro y necesitan un asesor, así que le aconsejo que busque un consultor. Si tengo una agenda llena, puedo darle recomendaciones. Envíeme un correo electrónico a steve@cafewriter.com.

Si todas esas opciones están fuera de su presupuesto en este momento, por lo menos, únase a una comunidad gratuita como mi grupo de Café Writer Facebook para ayudarle a mantenerse en rumbo. Un grupo como este le da ideas, consejos, estímulo, retroalimentación, y si lo pide, contabilidad.

Una última opción que recomiendo es súper asequible. Únase a un sitio de membresía como el mío. El Café Back Room ofrece consejos sólidos para la creación de negocios, un espacio de conversación animado (privado), generación de ideas, formación continua y recursos.

No es un sustituto de tener un asesor, pero con unos pocos dólares al día, es lo mejor que hay. Compruébelo en CaféBack-Room.com.

Finalmente, la última cosa de la que a nadie le gusta hablar en el mundo del trabajo independiente…

11. Trabajar para otras personas NO es donde está el dinero en grande.

Le explicaré…

Está bien ofrecer sus servicios independientes de escritura, fotografía, diseño gráfico, redacción publicitaria o creación de sitios web a otras personas.

Es lo que la mayoría de los autónomos hace. Usted tiene una habilidad, coloque su placa virtual ofreciendo esa habilidad, y la gente le contratará. Bastante sencillo, ¿verdad?

¿Pero qué pasa cuando alguien de su propia profesión le contrata para hacer el trabajo que pueden hacer ellos mismos? ¿Y probablemente lo hagan mejor?

Digamos que usted es un redactor independiente. Tiene habilidades sólidas, ha tenido algunos buenos clientes, y está empezando a ganarse un nombre, poco a poco. A través de algunos contactos y la prisa, llama la atención de un redactor de nivel A que es conocido por todos. Esta persona ha hecho millones como redactor y está muy por delante de su talento.

Sin embargo, el Sr. Redactor de nivel A le contrata a *usted* para que escriba una redacción para *él*.

Esto me ha pasado dos veces, y al principio no podía entenderlo. Estaba encantado de conseguir el trabajo, y me pagaron bastante bien. Sin embargo, me preguntaba *por qué* me contrataron.

Estos dos individuos eran mucho mejores redactores que yo. Podían escribir una promoción mucho mejor que yo. Mi gran pregunta fue, *"¿Por qué no escriben ellos mismos la redacción?"*

Entonces me di cuenta. Sí, ellos eran mejores redactores que yo. Pero su tiempo estaba mucho mejor empleado en *administrar su negocio* que en hacer una pequeña parte de ese negocio, la redacción.

Esta es la lección que quiero inculcar en este último punto de la Parte I, la realidad:

Es mejor que emplee su tiempo en construir su propio negocio que en ofrecer el único servicio por el que otros le contratarán.

No me importa si usted es un redactor, un fotógrafo o cualquier otro tipo de profesional independiente.

No importa qué tipo de autónomo sea, siempre saldrá adelante a medida que trabaje en la construcción de su negocio más que en la única habilidad en la que se especializa.

En mi caso, al trabajar con los dos redactores de nivel A, examiné a profundidad lo que ellos estaban haciendo. **Estudié cada uno de sus modelos de negocio y me decidí a seguir su ejemplo.**

Uno de ellos, Mark Everett Johnson, era copropietario de un negocio editorial en esa época, American Lantern Press. Este apacible negocio fuera del radar generaba enormes ingresos cada año. No tengo los números exactos, pero sé que son millones, para un negocio que tiene relativamente pocos gastos operativos o de empleados.

Ellos habían entrado temprano en el nicho de la previsión, también conocido como el segmento de los "preppers". Proporcionaban información valiosa en forma de libros, guías, programas y un boletín *impreso* mensual (algo de lo que soy un gran entusiasta y de lo que hablaré mucho más en este libro y en cafewriter.com).

American Lantern Press creció haciendo algunas cosas muy bien.

Ellos:

- Identificaban un público objetivo reducido

- Proporcionaban a esa audiencia información valiosa empaquetada de tal manera que no la pudieran obtener en otra parte.

- Establecieron su "escalera de valores" desde el principio. En otras palabras, tenían una progresión de la información que su público quería, desde productos gratuitos hasta productos de gama media y de alta gama.

- Construyeron grandes listas de correo electrónico y correo directo.

- Comprometieron a su público de forma regular.

- Construyeron sistemas y procesos en todo lo que hicieron.

- Se excluyeron a sí mismos de la ecuación.

Esta última parte es clave si va a construir un negocio en lugar de ser un profesional independiente por contrato. En algún punto de su camino como autónomo, si realmente quiere hacer crecer un negocio y ser grande, tiene que renunciar a partes del negocio. Tiene que darse cuenta que las tareas, el cumplimiento de los servicios, son realmente sólo una parte de su negocio.

Por ejemplo, si usted es un fotógrafo de bodas y es realmente bueno en su oficio, solamente hay un número limitado de bodas que podría fotografiar. Usted únicamente puede estar en un lugar a la vez. Sin embargo, si piensa en grande, esto es lo que debería hacer:

En lugar de ser Jane Smith, fotógrafa de bodas, podría llamar a su negocio Recuerdos Imborrables o algo así. Contrate a dos fotógrafos independientes para empezar.

Usted concéntrese en traer nuevos clientes, deje que ellos hagan todas las sesiones de fotos de la boda y págueles tal vez el 50% de lo que cobra.

Al mismo tiempo, usted empieza a aumentar su lista de correo electrónico. Sin embargo, adopte un método diferente al de la mayoría de los fotógrafos de matrimonios. En lugar de anunciar los servicios de fotografía de bodas como tal, tome un enfoque más grande y holístico. Contrate a un redactor independiente para escribir un informe especial llamado, "Las tres cosas en las que cada novia debería dejar de gastar dinero". Lo pone como descarga gratuita en su sitio web a cambio de la dirección de correo electrónico de alguien.

Hay muchas maneras de atraer tráfico a su sitio web, y no voy a entrar en detalles de todas ellas aquí porque los métodos de márquetin cambian cada semana en estos días. Podría dirigir el flujo de tráfico a su sitio web usando anuncios de Facebook, publicidad de afiliados, campañas de medios sociales, o incluso correo directo. Sí, hasta Google y Amazon siguen usando el correo directo para promover sus servicios, ¡y son DUEÑOS de internet! Por lo tanto, hay muchas maneras de atraer a las personas a su sitio web y obtener su informe especial.

A partir de ahí, usted continúa con el seguimiento por correo electrónico, enviándoles a las novias valiosos consejos para su próximo gran día (y muchas de ellas empezarán a planificar su futuro matrimonio con uno o dos años de antelación). Está aportando beneficios antes de tratar de conseguir un cliente.

Usted está haciendo cosas diferentes a las del típico fotógrafo de bodas. Piense a largo plazo, no solamente en atrapar a un cliente para una sesión de fotos.

Junto con los mensajes de correo electrónico que proporcionan información útil, usted está entretejiendo sus servicios de una manera natural. Se siente natural, no forzado, y se posiciona como una autoridad en la fotografía de bodas, no como alguien que sólo está tratando de hacer sus negocios.

Este estilo de publicidad no tomaría mucho tiempo para conseguir contrataciones exitosas.

Entonces, ¿qué hace la mayoría de los fotógrafos de matrimonios una vez que la boda ha terminado? Agradecer al cliente, posiblemente pedir referencias, e irse.

Usted no.

Usted no es un *fotógrafo* independiente, usted es el *dueño de un negocio* creando un *mini imperio* basado en su experiencia. En lugar de simplemente cambiar su tiempo por dólares, usted está observando el panorama general y dirigiendo su empresa.

Por lo tanto, usted tiene una lista de correo electrónico y una lista de correo directo. Una vez que termina la boda, comience a promover la idea de crear recuerdos para toda la vida, en cada etapa: vida matrimonial temprana, bebés, niños pequeños. Usted envía al cliente ofertas especiales combinadas con su boletín mensual y correos electrónicos normales. Usted se convierte en una fuente confiable como su fotógrafo familiar, y vuelven a usted una y otra vez. Está en el negocio de los recuerdos de toda la vida, no en el negocio de la fotografía de bodas.

¿Ve la diferencia? Ese es sólo un ejemplo que se me ocurrió al momento de escribir este capítulo. No tengo dudas de que funcionará, aunque no me baso en ningún negocio de fotografía de bodas real que haya visto.

Lo sé, porque emplea los principios del **márquetin de respuesta directa**, el cual funciona para todo tipo de negocios en todas partes. Esto es lo que yo ayudo a los autónomos a hacer. Les enseño a los independientes a pasar del escenario de un trabajo a la construcción de un verdadero negocio.

¿Ve ahora por qué el Sr. Redactor de nivel A me contrató, un prometedor redactor que era bueno, pero no estaba ni siquiera cerca de su nivel? Su tiempo estaba mejor empleado en dirigir su negocio que en completar una tarea, la redacción.

Por cierto, me pagaron bastante bien por mi trabajo. También sé que la promoción que escribí les generó mucho dinero, así que fue un buen beneficio para la inversión.

Rápidamente, déjeme contarle otra situación en la cual me contrató un gran redactor. Dan Kennedy tenía un cliente que le pagaba seis cifras por trabajar en una gran campaña. Dan necesitaba que los redactores subcontratados hicieran una investigación de campo y proporcionaran fragmentos de la redacción. Claro, podría haberlo hecho él mismo, pero su tiempo estaba mucho mejor empleado en manejar al cliente y en proponer grandes ideas estratégicas que en las minucias de la investigación y la redacción.

No voy a entrar en detalles aquí, pero todo lo que tiene que hacer es buscar a Google "Dan S. Kennedy" y buscarlo en Amazon para ver qué negocio increíblemente exitoso ha creado. Al principio, podría haber ganado fácilmente entre $ 150,000 y $ 250,000 al año como redactor independiente. Decidió tener una visión mucho más amplia de cómo construir un negocio y ahora probablemente valga 100 veces esas cantidades.

Lo diré una vez más, trabajar de manera independiente para otras personas *no* es donde está el dinero en grande. **Construir y operar su propio negocio es el lugar para quedarse.**

En la parte I, le he mostrado la realidad de trabajar por cuenta propia en el mundo de hoy. Le he dado un poco de lo bueno, pero mayormente lo malo y lo feo. **No se preocupe, ¡la parte buena viene después!** No me contuve. No estoy aquí para endulzar el estilo de vida de los independientes.

El hecho es que no es para todos. E incluso si es para usted, (asumo que lo es si todavía está leyendo este libro), no se trata solamente de trabajar unas pocas horas al día. No se trata de trabajar descalzo en la playa. No se trata de dar golpecitos en el teclado escribiendo sobre su pasión.

Se trata de utilizar sus habilidades para satisfacer una demanda en el mercado, posicionarse como la mejor solución y construir un verdadero negocio; creando una estructura y sistemas que eventualmente puedan funcionar sin problemas, con o sin usted.

He descrito la economía del trabajo temporal, y espero que le muestre cómo puede encajar en ella. Le he contado mi historia, lo que debería darle la confianza de que usted también puede tener éxito. Ha tenido la oportunidad de conocer cuál es su Coeficiente™ como Profesional Independiente. (Ir a freelancequiz.com.)

He expuesto y matado a las siete vacas sagradas del trabajo independiente, siete ideas que no son necesariamente verdaderas, pero nadie parece cuestionarlas. Y he descrito 11 cosas de las que nadie quiere ni siquiera hablar.

Hasta ahora, le he revelado la verdad fría y sin adornos. ¿Y sabe qué? Va a sacudir algunas plumas. A las personas y organizaciones cuyas ideas he proclamado, no les va a gustar. Que así sea. Que así sea.

Durante mucho tiempo, me abstuve de escribir este libro por miedo. Miedo de que la gente a la que yo señalaba dejara de apreciarme. Miedo de que me pusieran en la lista negra de mi industria. Miedo de que pudiera estar equivocado.

Recuerdo haberle dicho a un amigo: "Tal vez debería contenerme, guardar mis opiniones para mí mismo y concentrarme en construir mi propio negocio de redacción independiente". Después de todo, desde mi segundo año en adelante, desde 2010, mi negocio estaba funcionando bastante bien. No tengo dudas de que, si me hubiera enfocado completamente en escribir para clientes, me conocerían como un redactor de primer nivel, y me ganaría la vida solo como redactor independiente.

Pero cuanto más investigaba todo sobre el estilo de vida de los autónomos y descorría la cortina de algunos de los pequeños secretos desagradables de la industria, más sabía que tenía que correr la voz. Sentí el deber, la obligación, de exponer a la luz el lado oscuro del trabajo independiente.

He estado mucho tiempo dentro, ¿y sabe qué? Ya no tengo miedo

Realmente no me importa si a algunas personas no les agrado. No hay forma de que una industria entera me pueda excluir hasta el punto de no poder conseguir trabajo. Es un mundo muy grande y el 98% de mi audiencia nunca ha oído hablar de las personas, organizaciones e ideas que estoy mencionando de todos modos.

La otra cosa es que ya no tengo miedo de estar equivocado acerca de estas ideas. Las he visto y las he vivido yo mismo.

Más que eso, he hablado con miles de profesionales independientes en los últimos diez años y he verificado estas ideas.

Me he sentado cara a cara con cientos de profesionales independientes y he escuchado sus historias. Mi sitio privado de membresía, el Café Back Room, me proporciona diariamente información sobre el verdadero negocio de los profesionales independientes. Y mi grupo de Facebook de más de 9.500 miembros me da una perspectiva aún más profunda de la vida diaria de los autónomos.

Veo los desafíos y obstáculos, también sé cuáles son las soluciones. En la parte II, el lado brillante, les doy 11 Grandes Ideas para superar el lado oscuro del trabajo independiente. Estas 11 Grandes Ideas son el resultado de decenas de miles de observaciones de autónomos, miles de conversaciones en línea que he tenido con profesionales independientes, cientos de sesiones de asesoramiento personalizado en profundidad, y más de 20 retiros de varios días y seminarios que he organizado, a los que han asistido más de 300 autónomos.

Ahora que ha visto la verdad y se ha hecho una buena idea de la **realidad** del trabajo independiente, ¿está listo para el lado brillante?

No hubiera escrito este libro si no creyera desde el fondo de mi corazón y las profundidades de mi alma que el trabajo independiente y su extensión natural, **la construcción de un negocio**, ofrece la experiencia profesional más gratificante que usted pueda imaginar. Venga conmigo mientras cruzamos al otro lado.

Parte II: El lado brillante: 11 Grandes Ideas para superar el lado obscuro del trabajo independiente.

¡Felicidades! Logro cruzar el lado oscuro.

Me quedé allí por un tiempo por algunas razones. No quería pasar por alto los aspectos negativos del trabajo independiente. Hay muchos, como puede ver. Es mejor saber de antemano en qué se está metiendo, ¿verdad?

¿Y si ya está firmemente afianzado como autónomo, pero sólo ha visto el lado obscuro hasta ahora? No hay mejor momento que el presente para confrontar la realidad.

¿La otra razón por la que profundizamos en el lado obscuro? Quería asustar a algunas personas. ¡Tenemos suficiente competencia de la forma en que está! ¿Por qué alentar más?

Además, los profesionales independientes que bailan por los extremos, sin comprometerse, se hacen un perjuicio a sí mismos y a los clientes potenciales. Los clientes que los contratan sin querer obtienen resultados mediocres. Y el trabajador independiente no comprometido prolonga lo inevitable, un retorno al estatus de empleado (que a menudo puede ser lo mejor).

Así que, bienvenidos a la segunda parte, el lado brillante.

En esta sección les voy a dar 11 Grandes Ideas para superar el lado oscuro del trabajo independiente, así como también para sobresalir y prosperar.

Ahora que ya conoce las 11 cosas de las que nadie quiere hablar, puede seguir adelante. Olvídese de ellas y céntrese en las 11 Grandes Ideas. Estas son ideas desarrolladas en el transcurso del propio camino como profesional independiente exitoso desde 2004. Son el resultado de miles de horas de asesoramiento y entrenamiento a redactores independientes desde 2011 hasta el presente.

Y son ideas que desarrollé tal como las planeé y preparé, fui anfitrión de 14 retiros de inmersión de negocios desde 2013, incluyendo los Northwoods Plunge™, el Big Ideas Retreat ™, y lo que solía llamar el Ultimate Writing Retreat™. Por cierto, a partir de la fecha de publicación de este libro, soy el único redactor que organiza eventos íntimos de varios días como este. Nos enfocamos en ayudarle a construir un negocio usando sus habilidades de redacción. Visite cafewriter.com para más información

Estos son también *principios imperecederos,* no consejos de publicidad del momento. Estos principios serán tan relevantes en cinco años como lo son hoy. Cualquiera de las 11 grandes ideas puestas en acción le dará a usted y a su negocio una ligera ventaja. Implementar algunas de ellas o todas ellas con el tiempo y será *intocable.* ¿Listo? Bailemos rock and roll.

Capítulo 6: Piense antes de la curva

Si nunca se ha considerado un creador de tendencias, ahora se-ría el momento de empezar.

En el capítulo anterior señalé 11 cosas de las que nadie quiere hablar. El número ocho era "seguir al seguidor" es un lugar pe-ligroso para permanecer.

Se ve esto con todo tipo de autónomos. Alguien tendrá una buena idea y se meterá en un nuevo nicho de mercado, o a me-nudo un nuevo servicio. Estos son los que asumen riesgos, los líderes, los pioneros. No están esperando algo probado y com-probado. Ellos **piensan antes de la curva** y son gestores de nuevas ideas para crear un nombre y separarse de la manada.

¿Qué pasa cuando se les ocurre una gran idea? Los insensatos se apresuran. Está bien, eso es áspero.

No son necesariamente insensatos, pero parecen serlo, imita-dores y quieren ser lo que no son. Es la naturaleza humana y es la esencia de los negocios. No hay nada que pueda hacer para detenerlo.

Y eso está bien porque si *usted* es de los que piensan antes de la curva, generalmente tendrá una ventaja sobre los autónomos que llegan tarde a la mesa.

Hace unos años, tecfin era una novedad (tecnología financiera, incluidas las innovaciones tecnológicas relacionadas con educa-ción y educación financiera, banca minorista, inversiones y criptomonedas como Bitcoin). Conozco a varios redactores que llegaron temprano y se establecieron como especialistas al servicio del mercado tecfin.

Ellos pudieron establecerse pronto, hacer muy buenos contactos, y básicamente escribir su propio boleto. ¿Ahora? Busque en Google "redactores de tecfin" y obtendrá más de 111.000 resultados. Al menos eso es lo que me ha salido recientemente. ¡Y el primero fue un "malvado" redactor de tecfin! Esos son dos términos que no parecen ir juntos.

Aquello también le habla a mi Vaca Sagrada # 4. Ese es el problema cuando usted se enfoca en un nicho de mercado más que en un servicio y en desarrollar su propia marca. Difícil de distinguirse, para otros fácil de copiar.

Un ejemplo más. La mayoría de los diseñadores gráficos se parecen, suenan igual y ofrecen los mismos servicios. Investigando para este libro, revisé docenas y docenas de sitios web de diseñadores gráficos, y todos se veían notablemente similares, con los mismos servicios. Hmm… Como los sitios web de los redactores.

Pero entonces me encontré con Lemonly.com. ¡Vaya! Un aspecto y una sensación refrescante, se anuncian como una "Agencia de Diseño Infográfico", lo cual es bastante atractivo. También se especializan en "narración visual", un término que no vi en ningún otro sitio web de diseño gráfico.

No sé si Lemonly fue la primera en hacer esto, pero aparecieron en los resultados de los buscadores cuando busqué "diseñador infográfico".

Hay muchos diseñadores que ofrecen ese servicio ahora, pero esta sería la agencia a la que yo llamaría si necesitara algo así.

Mi punto es que usted *tiene que* sobresalir de alguna manera, y la mejor forma de hacerlo es pensar antes de la curva.

¿Puede ganar mucho dinero como seguidor? Sí, siempre y cuando desarrolle su propia marca personal (vea el Capitulo Nueve).

Ya sea que esté en primer lugar en un nuevo espacio o en el número 51, debe hacer *algo* para sobresalir. E incluso si luego ingresa a un nuevo mercado, hay formas de analizar su competencia y posesionarse frente a ellos. También, hablaremos más de aquello en el capítulo Nueve.

Sin embargo, su mejor apuesta es **pensar antes de la curva** y **piense en ideas originales** en lugar de copiar a otros.

Entonces, ¿cómo se le ocurren estas ideas? Encontré tres maneras de ser muy efectivo:

¡Lea, piense y hable con personas inteligentes!

1. Lea

Lea el *New York Times* y el *Wall Street Journal*, y su periódico local (si tiene clientes locales). Lea literatura clásica como Hemingway y Hugo, así como libros de aeropuerto de John Grisham y Stephen King.

Lea revistas. El legendario redactor publicitario Eugene Schwartz (autor de Breakthrough Advertising (Publicidad Innovadora*)*, un libro que todo redactor y comercializador debería leer) dijo a los redactores que deberían leer revistas como "Gente, Feria de Vanidades", e incluso el "Consultor Nacional", para entender a su público y poder escribirles mejor.

Me he subscrito a cerca de una docena de revistas, entre ellas, Cable, Empresa Rápida, Emprendedor, Fortuna, Gente (estoy escuchando a Schwartz), Robb Report (excelente para pensar en GRANDE), Inc., Entretenimiento Semanal, Forbes y algunos otros. Leo un par de docenas más en mi club de salud mientras hago mi entrenamiento ejecutivo diario (sentado en el sauna).

¡Lea! Y lleve un cuaderno con usted cuando lo haga. Yo incluso escribo en el sauna con mis cuadernos y bolígrafos de rito bajo la lluvia®. Sí, la gente piensa que soy raro. Los escritores lo somos, más o menos. (Y hasta tengo planes para un blog de escritores de sauna. Aunque no hay fotos.)

2. ¡Piense!

Simplemente tiene que emplear el tiempo en pensar profundamente en las Grandes Ideas. La lectura con un bolígrafo y un cuaderno ayuda con ello. Mucho más en el próximo Capitulo. A continuación...

3. Hable con personas interesantes.

Si usted lee y piensa mucho, usted tendrá bastantes cosas interesantes de las que hablar con personas interesantes. La gente aburrida habla del tiempo y los deportes. ¡(yo no) usted tampoco!

La gente como nosotros, que piensa antes de la curva, habla de **ideas.**

Cuando estoy en mi oficina, paso dos o tres horas al día hablando con los redactores que están tratando de construir sus negocios. Hago preguntas para que piensen de forma diferente. Yo los desafío. Les propongo sugerencias si me las piden. Nos involucramos en discusiones interesantes sobre ideas poco convencionales.

Mis clientes de redacción tienen negocios tan diversos como estudios de entrenamiento físico, prácticas de contabilidad, compañías editoriales, empresas de inversión y casas de alquiler para vacaciones. Surgen discusiones interesantes en cada conversación con los clientes, y estas a menudo me hacen pensar en nuevos ángulos de negocios, para ellos y para mí.

Si no se trata de redactores o clientes, o mi esposa e hijos (bastante inteligentes, todos ellos), yo soy bastante selectivo sobre cómo paso mi tiempo y con quién. Cuanto más salga con personas interesantes e inteligentes, más ideas tendrá para mantenerse a la vanguardia. Es un principio general, y algo abstracto, pero un principio fundamental del que dependen las otras 10 Grandes Ideas.

Piense antes de la curva, proponiendo ideas originales, pruébelas a pequeña escala para ver si funcionan, y luego hágalo en grande. Haga todo para promocionarse ante su público mientras se mantiene lo más callado posible ante su competencia (detalles en el capítulo Ocho).

Haga esto y no tendrá que preocuparse por pisotear a su competencia. Sólo los verá a distancia a través de su espejo retrovisor.

Vamos a sumergirnos profundamente en este asunto de las ideas...

Capítulo 7: Conviértase en un generador de ideas

La gente no piensa. Nos hemos convertido en una cultura de *consumidores* de ideas.

Consumidores de ideas y robots descerebrados, adictos a los aparatos.

Mire a su alrededor. No importa a donde vaya, las cabezas de las personas están constantemente enterradas en sus tabletas y teléfonos inteligentes.

En serio, no puede ir a ninguna parte, al menos en los Estados Unidos, sin ver a casi todo el mundo inmerso en la emoción de revisar Facebook o sus mensajes de texto. *Consumiendo* la información de otras personas.

Digo consumir, porque nadie está produciendo contenido escrito en un teléfono inteligente. Video, sí, pero no contenido escrito.

Ya nadie se comunica. Salga a comer y observe. Mesas enteras de gente que gasta bastante dinero en buena comida y buen ambiente, ¿y qué hacen tan pronto como se vacían los platos? Sacan sus teléfonos inteligentes. Dios no permitas que tengan que hablar entre ellos. El arte de la conversación está muriendo.

La gente no piensa. No saben cómo comunicarse entre sí. Y se están volviendo más torpes.

Esto se hizo evidente para mí, cuando me alejé de la cultura telefónica zombi de los Estados Unidos. Estuve en Quito, Ecuador durante 10 semanas a principios de 2016. Es ahí donde escribí la primera edición de este libro, que es una de las principales razones por las que fui.

Como escritor, siempre estoy observando a la gente. Encuentro fascinante ver, escuchar y aprender. Había estado en Ecuador antes por un total de 13 semanas. Volví nuevamente para pasar diez semanas más en 2016, esperaba que los ecuatorianos se hubieran puesto al día con los norteamericanos en el uso de los teléfonos inteligentes. En parte tenía razón. Tenían teléfonos y tabletas. Simplemente no las revisan incesantemente.

La gente los lleva, pero casi *nunca* vi a nadie revisar su dispositivo, especialmente cuando estaban en un grupo de personas. Nunca.

¿Sabe lo que hacían? ¡Hablaban entre ellos!

¿Y sabe qué más no he visto nunca? ¿Ni una vez? Nunca vi a alguien en una cafetería con un portátil.

De nuevo, la gente va a los cafés. Pero entiendan esto, es súper radical, ¡van allí a tomar café y a hablar entre ellos!

Ninguno de los ocupantes cibernéticos que ve en Starbucks en todo EE.UU., estuvieron al aire libre con su mochila y su MacBook Pro, tomando su café grande durante cuatro horas. (Y, para responder a su pensamiento mental, no, yo no estuve al aire libre con mi portátil. Escribí todo este libro a mano, un café a la vez, una hora a la vez. Terminaba el café, iba a otro café, o iba a casa y escribía un poco más. Nada de ciber cuclillas para mí. Fin del discurso.)

¿Qué tiene que ver este largo preludio con usted como profesional independiente?

Bueno, al igual que la gente en general ya no *piensa*, y ha perdido el arte fino de la comunicación, *también lo han hecho los profesionales independientes*, lo que significa que si usted puede llegar a ser conocido como un Generador de Ideas sobresaldrá a lo grande en su campo. Rápidamente se elevará por encima de la competencia.

Ahora, uno pensaría que los tipos creativos independientes, como escritores, redactores y diseñadores, serían un suministro interminable de nuevas ideas, de ideas frescas.

No es así. Le sorprendería saber que hasta a los escritores independientes les cuesta trabajo proponer ideas.

Permítame remarcar aquí un minuto. Cuando digo que debería ser un Generador de Ideas, me refiero a dos niveles.

1. Necesita hacer una lluvia de ideas y generar conceptos para *usted mismo*

Para sus propios esfuerzos de márquetin, su marca personal y el desarrollo de su negocio.

A menos que usted desee ser un profesional independiente imitador que sigue las tendencias, necesita generar Grandes Ideas para usted mismo para mantenerse a la vanguardia como lo discutimos en el capítulo anterior.

Estamos en un negocio competitivo. Las ideas hacen que se fijen en usted. Las ideas crean líderes que otros quieren seguir (y comprar). Las ideas son moneda de cambio. Las ideas construyen negocios. ¡Sea un generador de ideas!

2. Usted necesita hacer una lluvia de ideas y generar soluciones para sus *clientes* y *consumidores*.

Mire, es mucho más fácil ser lo que yo llamo un "tomador de pedidos" que ser un generador de ideas. Los receptores de pedidos ofrecen un servicio, digamos, fotografía, diseño de páginas web, redacción de textos o diseño de logotipos.

Es fácil colocar su placa virtual como un tomador de pedidos, porque la barrera de entrada es extremadamente baja. Lee unos cuantos libros, compra una cámara, imagínese a un aficionado a la cámara, toma una clase y ¡voilà! Es un fotógrafo. Si alguien se acerca a él y le dice: "Mi hija necesita fotografías de su graduación, ¿puede hacerlo?" La respuesta, desde luego, es "Sí". Toma el pedido, presta el servicio, recoge el pago y sigue adelante.

Lo mismo ocurre con un redactor independiente. Anuncia que escribe grandes páginas de aterrizaje. El cliente le llama, le dice exactamente lo que está tratando de vender, le pregunta que, si puede escribirlo, y usted responde, "Sí".

Claro, ambos escenarios implicarán una consulta con el cliente. A un nivel básico, ambos clientes pueden ser atendidos efectivamente escuchando, haciendo algunas preguntas aclaratorias, y entregando exactamente lo que quieren. Tomadores de pedidos.

Cuando estuve en ventas directas entre 1986 y 2003, llamábamos a los vendedores de menor nivel "tomadores de pedidos". Es posible que ellos hayan estado trabajando duro, llamando a clientes potenciales, ofreciendo sus servicios, pero no estaban haciendo nada para crear ventas. Básicamente, estaban trabajando lo suficiente para que de vez en cuando tropezaran con alguien que realmente quería lo que estaban vendiendo (un "acostarse" en el lenguaje de ventas), y ellos "tomarían su pedido".

Ahora, imagine la forma más lucrativa de operar. El vendedor profesional experimentado recurre a las mismas perspectivas. Pero en lugar de simplemente ofrecer sus servicios, está plantando semillas de ideas con sus prospectos. Haciendo preguntas que invitan a la reflexión, pintando cuadros, haciéndoles pensar en grande. Ofreciendo ideas fuera del alcance de sus propios servicios. *Liderando* la perspectiva, enmarcando efectivamente la conversación.

El profesional en ventas es un generador de ideas, lo cual es parte de ser un buen vendedor. ¿Ve la diferencia? El generador de ideas se gana muy bien la vida. El que toma las órdenes se las arregla. Sea cual fuere el tipo de autónomo que usted es, sea un generador de ideas.

La razón por la cual Dan Kennedy me contrató para trabajar en la campaña de Proactivo, no fue porque sea un brillante redactor (soy bastante bueno, pero hay muchos que son mejores). Fue precisamente porque pude generar cantidades de ideas rápidamente, sobre cómo Proactivo podría relanzar su producto.

Me sumergí en la investigación, dirigí mis propios grupos de discusión personales, y encontré cientos de nuevos ángulos de cómo podrían promover su medicación para el acné. Se trataba de ideas específicas (muchas de las cuales terminaron en la campaña final en la prensa, la radio y la televisión), más énfasis en los usuarios inesperados (adultos), y más atención a las emociones detrás del acné.

¿Podría Dan haberlo hecho esto él mismo? Sí, y lo hizo. Pero también quería la perspectiva de alguien más joven, y alguien que tuviera hijos adolescentes. Quería *ideas* frescas, y yo se las di.

¡Presentar ideas que hagan ganar dinero a alguien es un servicio valioso! Hágalo bien, y le pagarán bastante bien.

Ahora, cuando hablo de ser un generador de ideas, eso significa estrictamente que es por lo que los clientes pagan, ¿verdad?

No, en absoluto. ¡Quiero decir que regale ideas *generosamente*! Las ideas son gratis. ¡Regáleselas a *cualquier persona*, tanto a los que pagan como a los clientes potenciales!

Por ejemplo, antes de empezar el Café de los Redactores, estuve dando consejos e ideas durante un par de años. Caí en ello de forma natural después de que unos cuantos redactores vieran algunos artículos que había escrito sobre el trabajo independiente. Al poco tiempo, recibí correos electrónicos e incluso llamadas telefónicas (¿recuerda cuando la gente solía usar el teléfono?).

Yo calculo que regalé más de 1,000 horas de mi tiempo desde 2011 hasta 2013, cuando comencé a monetizar el Café Writer. Eso es entre $ 50,000 y $ 100,000 de mi tiempo, pro bono, según lo que mis clientes de redacción me pagaban en ese momento.

¿Valió la pena? Absolutamente. Yo no hubiera creado un sitio de membresía próspero y un negocio de asesoramiento si no lo hubiera hecho.

¿Dejaría pasar *tanto* tiempo otra vez? No. Cuando la gente empieza a preguntarle: "¿Tiene algo que podamos comprarle?" sabe que ha esperado demasiado tiempo para empezar a cobrar honorarios.

No tiene que regalar tiempo, pero si le recomiendo que obsequie ideas. ¡Recalco, las ideas son gratis! Siempre se le ocurrirá algo más.

¿Dónde regalar ideas? En su blog (No puede cobrar por eso). En correos electrónicos regulares que envía. (Por lo general, tampoco puede cobrar por ellos). En un informe especial que ofrece en su sitio web, que probablemente no puede cobrar, sin embargo, obtendrá algo aún mejor—una dirección de *correo electrónico.*

Constantemente estoy dando ideas a otros redactores, tales como: nombres de dominio, nombres de negocios, sistemas, procesos, ideas de márquetin. Se nos ocurren cosas todo el tiempo en las llamadas de zoom. Además, tengo cuadernos llenos de ideas sobre las que aún no he escrito, y unas 500 fichas con ideas para futuros artículos, publicaciones en medios sociales, vídeos o servicios.

Para mí, es difícil relacionarme cuando escucho cosas como:

"Estoy agotado".

"Utilicé todas mis buenas ideas en las primeras 40 publicaciones de mi blog que escribí".

"No se me ocurren más ideas nuevas. Parece que todo ha sido ¡hecho!"

Estas son objeciones comunes que recibo de los redactores publicitarios, cuando sugiero que se conviertan en generadores de ideas. De hecho, les digo a los profesionales independientes todo el tiempo, que deben enmarcar lo que hacen en estos términos:

"Resuelvo problemas y genero ideas".

Entonces, ¿de dónde saca usted las ideas?

¿Cómo se convierte en un extraordinario generador de ideas?

Una gran manera que mencioné en el capítulo seis: **leer, pensar y hablar con personas inteligentes**. No puedo enfatizar lo suficiente la importancia de leer, observar y analizar, y leer *fuera de su área de interés.*

Entonces "conecte los puntos". En otras palabras, sintetice la información, junte las piezas, haga conexiones. Así como su cuerpo necesita ejercicio físico, su mente necesita ejercicio mental.

Específicamente, necesita ejercitar su "músculo idea" de manera regular (un gran término que escuché por primera vez de Choose Yourself (Elíjase a sí mismo), del autor James Altucher).

Es por eso que paso tanto tiempo en los cafés (sin mi portátil o iPad, debo añadir). Voy allí para leer, pensar, observar, hacer conexiones, hacer una lluvia de ideas y escribir. De ahí saqué el calificativo de "Café Writer" (Escritor de Cafés).

Por cierto, debe haber al menos 100.000 escritores en todo el planeta (de siete mil millones de personas) que escriben y pasan el rato en cafés como yo. ¿Por qué a ninguno de ellos se le ocurrió enganchar el nombre de dominio "cafewriter.com"? ¿Cómo es que ese gran nombre de dominio de dos palabras estaba disponible? Es muy fácil de deletrear y recordar. ¿Cómo es que nadie pensó en ello antes que yo?

¡Porque la gente no piensa! Produzco mis mejores ideas en los cafés, en el sauna (leyendo un blog), y mientras viajo. Llevo un cuaderno y un bolígrafo a donde quiera que vaya, o grabo mis pensamientos con mi teléfono.

Lea, piense y encuentre *sus* lugares de inspiración. Recomiendo un café, el sauna, así como también el gimnasio, la ducha, en los aviones y trenes. Incluso cuando se está sentado en los aeropuertos. Por alguna razón, siempre que viajo escribo mucho, e inevitablemente se me ocurren nuevas ideas de negocios para mí, para mis clientes u otros redactores.

De hecho, si alguna vez desea recibir una llamada rápida de zoom, haremos una lluvia de ideas sobre la marcha. Le preguntaré sobre su negocio y sus antecedentes, qué está haciendo actualmente, qué ha funcionado y qué no. Se me ocurrirán al menos tres nuevas formas de monetizar su idea, y tal vez incluso se me ocurra un nuevo nombre de producto o servicio, lema o nombre comercial. ¡Gratis! (Le dije que regalaba ideas. Conéctese conmigo por correo electrónico a steve@cafewriter.com).

Conviértase en un solucionador de problemas y un generador de ideas, y empezará a gobernar su rincón del mundo del trabajo independiente.

Capítulo 8: Manténgase fuera del radar

¿No es el lado brillante mucho más divertido y alentador que el lado oscuro? Mucho más ameno y *rentable*. Especialmente cuando pone en juego las 11 Grandes Ideas. Hemos establecido que tiene que pensar antes de la curva. Necesita convertirse en un generador de ideas. ¿Qué pasa cuando tiene éxito en ambas?

¡Su estrella comienza a ascender!

Y los autónomos perezosos verán lo que está haciendo y querrán un pedazo de ello. Prepárese para los prestamistas, imitadores y ladrones descarados.

Recuerde, las ideas son moneda, las ideas le hacen destacarse, las ideas construyen negocios.

El problema es que, si no protege sus buenas ideas, aquellas podrían ayudar a construir el negocio de alguien más. Déjeme compartir una historia triste y de precaución...

Lindsay (no es su nombre real), era una estrella ascendente en la redacción. Ella había tomado cursos, como aprendiz de un redactor de nivel A por un año, y practicó diligentemente su oficio. Se hizo buena en el arte de la escritura persuasiva. Inteligente y creativa, fue una prolífica generadora de ideas, mucho antes de que empezara a hablar de ello. Ella siguió mi consejo y siempre trató de pensar en el futuro. Ella no quería seguir el sistema de corte de galletas. Lindsay a más de tener que ideas de redacción, tenía ideas de *negocios*. Buenas ideas.

Cuando se le ocurrió la brillante idea de declararse a sí misma como "especialista en la elaboración de catálogos" (antes de que muchos redactores empezaran a hacer eso), estaba muy emocionada. Tan entusiasmada y orgullosa de su idea, de hecho, comenzó a contarle a la gente sobre ella en otro grupo de Facebook para profesionales independientes (no Café Writer). Puso un post describiendo su idea de negocio. Por supuesto, recibió las habituales palmaditas en la espalda y comentarios alentadores como se esperaba. Sintiendo el amor de sus colegas y compañeros, decidió escribir una entrada en el blog sobre aquello, también.

Eso llamó mucho la atención y los redactores empezaron a compartirlo. Puede ver a dónde va esto, desde luego. El negocio de Lindsay creció rápidamente. No pasó mucho tiempo antes de que ella se diera cuenta de los imitadores en línea. Otros redactores estaban invadiendo su territorio. No sólo se movían exactamente en la misma idea, sino que también, en algunos casos, lo hacían *mejor*. Sitios web de aspecto más nítido. Anuncios de Facebook apareciendo en todas partes, llevando a los visitantes a su sitio. Socios afiliados promocionándolo.

Y luego hubo algo que le golpeó *emocionalmente* más que financieramente. Vio el nombre de un amigo aparecer en uno de estos sitios de imitación, en forma de testimonio como cliente satisfecho. Ay.

Lindsay cometió el clásico error de parlotear sobre su gran idea y su temprano éxito.

¿Un enfoque mucho mejor? **Manténgase fuera del radar.**

Esto va para todo, no sólo para las grandes ideas de negocios. Si usted descubre un nuevo proceso que agiliza su negocio, identifica un nicho de mercado caliente, o encuentra un nuevo método de márquetin que funciona como los cazatalentos, no lo grite desde los tejados.

Al menos, no hasta que haya tenido la oportunidad de empaquetarlo y sacar provecho de él *vendiendo* su sistema o método a otros autónomos. O hasta que haya tenido el tiempo de adelantarse lo suficiente a la competencia.

Antes de eso, **¡permanezca fuera del radar!** Mantenga sus ideas en silencio hasta que estén bastante bien desarrolladas.

Entonces, ¿cómo protege completamente sus buenas ideas? Incluso si no está compartiendo sus ideas con sus compañeros y potenciales imitadores, si tiene alguna presencia en línea, la gente verá lo que está haciendo.

Aquí tiene siete ideas para proteger sus ideas:

1. Cuénteles a sus clientes potenciales, no a sus compañeros.

No necesita palmaditas en la espalda de validación de sus colegas, necesita clientes que paguen. Manténgase alejado del radar revelando únicamente a los prospectos.

Indudablemente, su competencia puede fácilmente localizarle en línea. Hay todo tipo de herramientas para hacer ingeniería inversa de las campañas de sus competidores. Esta es una de las innumerables razones por las cuales soy un gran partidario del correo directo, es mucho más difícil para su competencia husmear en lo que usted está haciendo.

2. Compre cualquier nombre de dominio relacionado.

Además de cafewriter.com y copywritercafe.com, soy dueño de steveroller.com, freelancermanifesto.com, y thefreelancermanifesto.com. (No sea como Jeb Bush, que de alguna manera dejó que jebbush.com expirara. Inmediatamente fue arrebatada por

Donald Trump). Además de otros 50, lo crea o no. Tengo planes...

Para buscar nombres de dominio, utilizo register.com. Para comprarlos, he usado godaddy.com desde 2003 y estoy muy contento con ellos. Utilizo una compañía diferente para alojar mis sitios web.

3. Asigne a los sistemas, métodos y procesos un nombre específico.

Por ejemplo, en lugar de describir mi sistema de embudo como un embudo de cinco pasos, lo llamé "El acelerador de negocios de cinco velocidades", un término que nadie había usado antes. Si lo viera aparecer después de eso, haría que mi abogado enviara una carta de cese y desistimiento a la parte infractora.

En lugar de llamar a mi sistema de comercialización para generar utilidades algo genérico (como un "sistema de comercialización para generar beneficios"), podría llamarlo "El Oleoducto de la Riqueza", un término que no he visto antes en ningún otro lugar. Sí, en un momento dado, yo también fui propietario del nombre de dominio para eso. Si lo quiere ahora, está disponible, y podría ser un buen nombre para el concepto.

4. Dé un paso más y utilice el símbolo de ™.

Habrá notado que he usado el símbolo de ™ unas cuantas veces en este libro, después de los nombres de cosas que se me han ocurrido como el coeficiente del profesional independiente™ y el retiro de las grandes ideas™.

Significa "marca comercial", obviamente, y no es necesario tener una marca registrada a nivel federal para poder usarla.

Según la oficina de patentes y marcas de los Estados Unidos, una marca es "un nombre distintivo". Una marca comercial o marca de servicio incluye cualquier palabra, nombre, símbolo, dispositivo o cualquier combinación, utilizada o destinada a ser usada para identificar y distinguir unos de otros los bienes/servicios de un vendedor o proveedor, e indicar la fuente de los bienes/servicios".

Palabras claves aquí: "…destinadas a ser usadas." Si se le ocurre un nombre genial para un producto o servicio, empiece a usarlo en letra de imprenta y utilice el símbolo de ™. Y por supuesto, asegúrese de conseguir el nombre de dominio para él, también. ¡Proteja sus buenas ideas!

Usted puede usar el símbolo antes de pasar por el largo proceso de registro de la marca. Si va a usarla a largo plazo, probablemente sea una buena idea registrarla, sin embargo. *No estoy dando consejo legal aquí.* Consulte a un abogado, lea la explicación y vea los videos sobre marcas en uspto.gov.

5. Registre un nombre comercial oficial.

Si realmente planea desarrollar un concepto o idea y va a ser una parte esencial de su negocio, considere registrarlo como un nombre comercial.

Hace unos años, empecé a hablar mucho sobre las grandes ideas. También sabía que me iba a dedicar a publicar muchos libros y productos de información para ayudar a los independientes. Tenía sentido llamar a mi negocio "Editorial de Grandes Ideas", y me adelanté y lo registré oficialmente como una SRL, una sociedad de responsabilidad limitada en el estado de Wisconsin.

6. Consiga una marca registrada oficial o derechos de autor.

Haga ese paso extra que mencioné antes y visite uspto.org para obtener información sobre la protección de su propiedad intelectual. De nuevo, no estoy dando consejo legal, pero no es tan complicado o tan caro como usted podría pensar.

7. Consiga un abogado

Contrate los servicios de un abogado especializado en derecho de propiedad intelectual. Consiga uno que esté alineado con los valores de los emprendedores, autónomos y dueños de pequeños negocios. Muchos de ellos no lo están. Haga su trabajo y aunque le duela pagar y asociarse con abogados más de lo necesario, hacerlo puede ahorrarle muchos dolores de cabeza en el futuro.

En resumen, **proteja sus Grandes Ideas.** *Manténgase alejado del radar tanto tiempo como le sea posible.*

Capítulo 9: Cree (y consolide) una marca memorable.

Puede tener talento en bruto, habilidades de genio, y un buen sistema de publicidad, pero si no sobresale, nada de eso importa.

En el estridente y congestionado mercado de hoy en día, simplemente debe lograr una impresión duradera y memorable. Con tantas opciones para que todos elijan en estos tiempos, ser "el mejor" o incluso realmente bueno ya no es suficiente.

Es imperativo que la gente se fije en usted, le recuerde y le quiera. Debe agradarles quién es usted y lo que representa.

Si usted va a triunfar en el mundo de hoy, tiene que crear una marca memorable.

Luego debe mantenerla en funcionamiento, refinarla y pulirla. Este capítulo le mostrará cómo hacerlo.

En primer lugar, vamos a sacar algunas cosas del camino.

La marca es más que el nombre de su negocio, el eslogan, el logo y la combinación de colores. Se trata de mucho más que su apariencia y la primera impresión que proyecta.

Esas cosas son importantes, pero hay mucho más.

La marca no es *sólo* para las grandes empresas. Es igual de importante para las pequeñas empresas y los individuales. Tal vez *más* importante.

La marca no sustituye en modo alguno a una buena y sólida estrategia de márquetin de respuesta directa. Usted también necesita eso.

La marca y la comercialización de respuesta directa son complementarias. No es una u otra. Van de la mano.

Entonces, ¿qué *es* una marca? ¿Cómo se hace una marca? ¿Y cómo lo hace cuando no hay un gran presupuesto para la marca?

Yo considero que la marca es mucho más simple de lo que la mayoría de los llamados expertos en la materia quieren hacerle creer. No tiene que gastar enormes cantidades de dinero en ello o contratar una gran agencia creativa para ayudarle con ello.

De hecho, los 20 dólares que usted invirtió en este libro, los consejos y ejercicios sobre la marca en este capítulo podrían ser todo lo que necesita para empezar. Usted se conoce a sí mismo y a su negocio mejor que nadie, ¿verdad?

Le daré una forma sencilla de empezar a crear su marca, algunas pautas para seguir construyéndola y algunas estrategias de marca para ganar a largo plazo.

Este enfoque de "hágalo usted mismo" es más auténtico, es más probable que se consolide que una marca "aplicada" a usted por alguien que contrata, de hecho, es más eficaz para atraer a los consumidores y clientes que se ajustan a usted. No subcontrate su marca. Esta es un área en la que realmente necesita dedicarle tiempo y esfuerzo.

¿Qué es realmente la marca?

En su esencia, una marca es una idea o concepto singular que se posee dentro de la mente de un prospecto. En otras palabras, cuando escuchen su nombre (su nombre comercial, su nombre y apellido reales, o ambos), debería evocar una imagen o una idea bastante buena de *quién es usted*. Es un *sentimiento* que ellos tienen.

En el futuro, cuando usted escuche el nombre "Steve Roller", debería tener una imagen clara de mí. (Nota al margen: escribir un libro es probablemente la mejor manera de construir su marca. ¿No tiene tiempo para hacerlo usted mismo? Contrate a un escritor fantasma, o yo puedo ayudarle a escribir un Mini-Bük. Envíeme un mensaje a steve@cafewriter.com y le explicaré).

Tengo mi marca personal de Steve Roller, y también una marca de negocios, Café Writer. Mi audiencia en mi grupo de Facebook de Café Writer y mi comunidad privada de Café Back Room entienden lo que son "Café Writer" y "Café Back Room" y lo que representan.

Las personas que se identifican como Café Writers se ven a sí mismos como personas que tienen grandes ideas, sentido para los negocios, talento para escribir, y usan esas cualidades para construir un negocio. Esto no requiere de mucha infraestructura física o gastos generales, la mayoría de ellos operan desde una oficina en casa, o incluso desde una cafetería. (Yo trabajo en ambos lugares al 50%).

Un Café Writer es una persona con la que muchos empresarios pueden relacionarse, y una *comunidad* de personas con ideas afines. El Café Back Room va un paso más allá, profundizando en la construcción de un negocio, lejos de la luz, lejos del ojo público. Estamos un poco por fuera del radar, y no seguimos a las masas.

Así que, Café Writer es una de mis marcas, junto con mi marca personal de gran alcance.

Dese cuenta de esto: usted tiene una marca, tanto si la ha cultivado a propósito como si no lo ha hecho. La gente le ve a usted o a su negocio de cierta manera. Y *recuerde* esto: ¡nadie puede copiarle! Nadie puede hacerlo *a usted*.

Por qué es importante

1. La marca importa porque todos estamos en un ambiente extremadamente competitivo. A los clientes y consumidores les cuesta distinguir un proveedor de otro. Una buena marca hace que sea más fácil para ellos elegir.

2. La marca facilita la publicidad.

3. Hace que el márquetin sea menos costoso. No necesitará hacer tanta publicidad si primero se identifica usted mismo.

4. La marca le obliga a clarificar su mensaje. La mayoría de nosotros confundimos a la gente con nuestro mensaje, y los prospectos confundidos no compran.

5. ¡Es divertido! Cuando desarrolla una buena marca, está construyendo *su* negocio, en lugar de únicamente ayudar a otras personas a construir el de ellos.

Esta podría ser la razón número uno para construir su marca—le ayudará a construir un *verdadero negocio*. Si opera como un profesional independiente por contrato, sin una marca sólida, es difícil aprovechar eso en otras oportunidades.

6. La marca le da un sentido de dirección y propósito a medida que desarrolla su negocio.

7. Esta engloba todos sus pensamientos, ideas y esfuerzos de publicidad en un paquete más cohesivo.

8. La marca nivela el campo de juego. Le permite competir contra empresas más establecidas y con mayores presupuestos de publicidad y márquetin.

No sólo le permite *competir* con ellos, también puede *inclinar la balanza* a su favor. Hermoso.

9. Le quita el énfasis "lo mejor" (que en realidad sólo puede aplicarse a un negocio en cualquier categoría) y lo hace mucho más sobre la experiencia en general y cómo usted hace sentir a las personas. Así es como eligen de todos modos la mayoría de los compradores.

10. Vivimos en un mundo de vainilla simple. Agréguele un poco de sabor.

11. Una buena marca elimina a las compañías clandestinas e inescrupulosas de dinero fácil. Lleva tiempo, y los operadores malintencionados no tienen paciencia. La tiene. Juegue a largo plazo.

Donde empezar

Comience dando un paso atrás y tomando una evaluación honesta de quién es usted.

Piense profundamente en ello y escriba respuestas detalladas a estas preguntas:

¿Qué es lo que le hace especial a usted o a su negocio? ¿Qué es lo que la gente nota de usted?

(Continúe respondiendo estas preguntas sobre usted o su negocio o ambos, y comience a crear su marca personal, marca comercial o ambas. Las dos se entrelazan).

¿Por qué a la gente le gusta trabajar con usted?

¿En qué se ha destacado en el pasado? (Trabajos, servicios ofrecidos, negocios propios o gestionados.)

¿Cuáles son sus habilidades únicas?

¿Qué lo hace mejor que la mayoría de la gente?

¿Cómo lo presenta la gente? (En una función de negocios, socialmente, o tal vez antes de dar una presentación.)

¿Cómo le gustaría que la gente lo presentara?

¿Por qué es conocido usted?

¿Cuáles son las tres primeras palabras que vienen a la mente cuando alguien escucha su nombre? Adelante, pregúnteles a cinco personas que le conozcan bien.

En otras palabras, ¿la imagen de usted mismo es diferente de la forma en que los demás la perciben? En la mayoría de los casos, encuentro que las personas se subestiman. Si ese es su caso, trabaje para cambiarla y equilibrarla.

De hecho, si quiere profundizar, tengo una recomendación fuera de mis propios recursos en el Café Back Room. Es un test de personalidad que le muestra cómo *lo ve el mundo a usted*.

No se basa en la psicología, como el test de las 16 personalidades o la evaluación de Myers-Briggs. Y tampoco es como la herramienta de evaluación del comportamiento del DiSC. Esta se basa en la *marca*.

La prueba Fascínate® que le permite descubrir cómo el mundo® le ve a usted.

Fue asombroso cuán precisos fueron los resultados para mí. Tengo "El Arquitecto" y mi gemelo es "La Guardia Real".

Encuentre el suyo en bit.ly/BecomeFascinating

Más…

¿Tiene un nombre comercial, un eslogan y un título? ¿Le gustan? ¿Está abierto a cambiarlos?

Sus respuestas a estas preguntas (y la prueba Fascinate®) le ayudarán a formular la base de su marca.

A continuación…

Establezca su propuesta de venta única (PVU)

El legendario pionero de la publicidad televisiva, Rosser Reeves, acuñó este término en los años 40. Sigue siendo tan relevante hoy en día.

Una PVU es una aseveración que ayuda a los compradores a ver qué es lo que le hace especial. Que es lo que tiene que sus competidores no tienen.

Por ejemplo, el PVU para la prueba Fascinate® es *"El único análisis de personalidad que le muestra cómo aumentar su confianza, incrementar su valor y vivir de forma más auténtica"*.

El equipo de mi sitio web en ViziSites utiliza *"Mercadeo y marca de internet estilo conserjería, a un precio que los dueños de pequeñas empresas pueden pagar"*.

Una de mis compañías favoritas, MiniBük, dice: *"Esta es su oportunidad de publicar un libro que lo ayudará a superar el desorden de la sobrecarga digital"*.

¿Cuál es su USP? Piense un poco en lo que usted tiene que sus competidores no tienen.

¡Finalmente, sea creativo!

No copie lo que los demás están haciendo. Es todo lo que voy a decir al respecto. ¿Quiere que le ayude? He ayudado a cientos de personas con su marca en el Café Back Room.

Mantenga el ritmo

Ahora, para que su marca salga a la luz, necesita buenas RP (Relaciones públicas). Eso puede ser difícil de conseguir a menos que sea bueno en RP, tenga conexiones con los medios o haya desarrollado un **Sistema de Administración de Marca** ™ (SAM), mi término efectivo para llevar su marca a su audiencia de la manera más eficiente como sea posible.

La publicidad, aun si puede hacerla, sólo dura un tiempo. Entonces necesita un sistema de administración de marca™. Un SAM mantiene su marca en marcha, la mantiene fuerte y saludable.

¿El mejor SAM, en mi opinión? Las redes sociales deberían ser parte de la mezcla, seguro.

¿Mejor aún? Publicite por correo electrónico de forma regular. La gente no irá a su sitio web cada semana. De hecho, puede que nunca vuelvan después de la primera vez, incluso si se convierten en clientes.

Pero si, en esa primera visita, *entran en su lista de correo electrónico*, usted está a cargo. *Usted* controla la frecuencia con la que le escuchan, el tipo de contenido, y cómo quiere que ellos se comprometan con usted.

El márquetin efectivo por correo electrónico es un arte, y una habilidad que usted puede aprender.

"¿No es aburrido? ¿Enviar constantes correos electrónicos? ¿Y los lectores no se cansan de eso?"

¡No! No si lo hace bien. Más allá de la publicidad por correo electrónico regular, envíe un boletín mensual. Uno impreso, si puede. Se ha demostrado que retienen y aumentan las ventas a los clientes.

La consolidación de la marca no es difícil, pero requiere constancia a lo largo del tiempo. ¡Debería ser *divertido*!

Aquí es donde a menudo veo a las pequeñas empresas, operadores en solitario y los creativos independientes se quedan cortos. No piensan en su marca lo suficientemente para empezar, no hacen un esfuerzo continuo para desarrollarla, y no se aferran lo competentemente a su sistema de administración de marca ™

En muchos casos, es porque simplemente no saben qué decir y no saben qué acentuar. La prueba de Fascinate® puede ayudar con esto.

Juegue a largo plazo

Las ideas que le he dado hasta ahora le harán empezar. Aunque la marca es un proceso largo. Lleva tiempo. Y requiere un profundo y honesto autoexamen, reflexión y autoconciencia. Tiene que ser *real*.

No puedo enfatizar lo suficiente—**la autenticidad es la clave.** No intente ser alguien que no es. No haga afirmaciones de negocios que no pueda respaldar.

Si la visión de su marca es más grande que su situación actual, ¡crezca con ella! Deje que evolucione orgánicamente con el tiempo. Usted siempre puede detectar a un farsante que se esfuerza demasiado.

A lo largo del camino, algunos recordatorios y algunos consejos más…

Nuevamente, invente un buen nombre, nombre de dominio, título y lema. Dedique mucho tiempo a pensar y pensar en ello, y conéctese conmigo si necesita ayuda.

No tenga miedo de cambiar su nombre o su eslogan si no le funciona. Piense a largo plazo, pero adáptese.

Hágase conocer por algo interesante fuera de su negocio. Podría ser un deporte de aficionados en el que compite, un hobby único, como tocar el acordeón en una banda de polka (una de mis aspiraciones), una causa benéfica que le apasione, o el trabajo voluntario que usted hace.

Para mí, fuera de mi negocio, la gente sabe que dirijo giras turísticas a Ecuador, soy minimalista, he viajado extensamente a 34 países y a los 50 estados, y mis cuatro hijos siguen carreras en las artes creativas.

Considere la posibilidad de mezclar su vida personal y de negocios. Yvon Chouinard, fundador de la Patagonia, y Howard Schultz, presidente y director ejecutivo de Starbucks durante 25 años, son dos grandes ejemplos. Funciona para muchos directores ejecutivos corporativos, y puede funcionar para usted y para mí también.

Cuando se haya decidido por un buen nombre y lema, dé el siguiente paso y regístrelos oficialmente en la oficina de marcas y patentes de su país, en EE. UU. (uspto.gov). De hecho, es posible que desee analizar este paso antes de ir demasiado lejos. Si va a estar en esto a largo plazo, y no quiere ser atrapado usando un nombre que otra persona ya lo ha registrado. Consulte a su abogado en este caso.

¿Tiene una gran visión para su negocio? ¿Puede ver que su negocio se vuelve realmente grande, tal vez conocido a nivel nacional o mundial? ¿Por qué no? La mayoría de los propietarios de pequeñas empresas y los operadores en solitario piensan demasiado en pequeño. Es difícil construir una marca alrededor de una visión muy pequeña.

Mire. Yo planeo que el Café Writer y el Café Back Room sean marcas globales algún día. La suya también podría serlo.

La última cosa. Todas estas ideas de marca tienen que ver en cómo *se* ve a sí mismo y a su negocio.

¿Quiere dar un paso más y tener una gran visión de cómo le ven los *demás*?

Una forma, por supuesto, sería preguntar a algunos clientes. Tal vez preguntar a algunos amigos y familiares, también. Eso es a menudo un ejercicio de marca sugerido.

El problema es que normalmente no es exacto. La gente a la que usted le agrada le dirá lo que creen que quiere escuchar, y no tiene sentido preguntar a los que no son clientes o a la gente que no le conoce o le aprecian.

¿Mucho mejor?

Lo mencioné antes—realice **la prueba Fascinate® de Sally Hogshead en bit.ly/BecomeFascinating**

Es *la* mejor herramienta que he visto para obtener una visión súper precisa de cómo le ven los demás.

Yo no creía que una simple prueba en línea pudiera hacer eso hasta que la realicé. Mi perfil, o como ellos lo llaman—arquetipo—es el Arquitecto. La descripción me lo confirma. Está en la confluencia de "Prestigio" y "Mística". Muy interesante.

Una vez que realice la prueba en **bit.ly/BecomeFascinating**, usted tendrá una idea aún mejor de cómo incorporarse, de cómo el mundo lo ve a usted en su marca. Sabrá qué acentuar y qué dejar de lado.

Por ahora, tome la prueba Fascinate®, conteste las 11 preguntas, calcule su PVU, desarrolle su propio sistema de administración de marca ™, y difunda su marca al mundo.

No es magia. No necesita una agencia de publicidad creativa de gran nombre para crear su marca. Usar unas pocas herramientas simples y baratas como las que le he proporcionado aquí puede ser todo lo que usted necesite.

Crear una marca memorable depende de usted, poco a poco, de manera constante a lo largo del tiempo. Trabaje conscientemente en ella, sin dejarla al azar, vigílela y protéjala constantemente. Su reputación es parte de su marca. Cuídela de cerca.

Sea la mejor versión de su ser auténtico. Sea interesante y sea memorable. Haga eso, y la gente lo recordará y le comprará.

Capítulo 10: Reclame su lugar

En el capítulo ocho, le aconsejé que se mantuviera alejado del radar el mayor tiempo posible. Al menos hasta que pueda empaquetar sus ideas y venderlas a las masas (incluso a posibles imitadores), o hasta que haya tenido la oportunidad de salir adelante frente a la competencia.

La mejor manera de separarse de la manada y hacer la diferencia, es construir su marca personal. **Sólo usted puede ser usted**. La gente lo compra a *usted* tanto como compran su producto o servicio.

Ahora es el momento de plantar su bandera, echar raíces, construir sus cimientos y reclamar su lugar. ¡Ahora es cuando grita desde los tejados! ¡Dígales a todos y a cada uno lo que usted hace!

Creo también, que este es el punto en el cual usted comienza a hacer la transición de ser un trabajador independiente a ser un *propietario de un negocio.*

¿Una gran diferencia entre un trabajador independiente y un propietario de un negocio?

El dueño del negocio echa raíces. Sienta una base sólida. Coloca las anclas que establecen una presencia permanente.

Un profesional independiente no tiene esa sensación de permanencia. A los ojos de nuestros clientes, el dueño de un negocio está aquí para quedarse y ha desarrollado una imagen de reputación.

Un profesional independiente es más bien una entidad desconocida. Aunque tenga planes a largo plazo, el trabajo por cuenta propia le da una sutil sensación de que podrías estar aquí hoy y mañana no. Después de todo, los autónomos van y vienen. Todos lo hemos visto, ¿verdad?

Desde que hay una barrera baja de entrada, convertirse en autónomo no es muy difícil. ¿Construir un negocio que *dure*? Eso es difícil. La buena noticia es que, como muy poca gente lo hace, sobresaldrá cuando lo haga.

Entonces, ¿cómo reclamar su lugar? ¿Cómo echar raíces como autónomo y establecer su territorio, físicamente y en línea? Hay 11 cosas que puede hacer, ya sea que esté leyendo *El Manifiesto del Profesional Independiente* este año o en el futuro, en 2023 o 2025 o más allá, estas 11 cosas seguirán siendo válidas.

1. Piense en un buen nombre.

El nombre comercial correcto desde el principio es crucial. Un buen nombre es un buen márquetin.

El nombre de su negocio (y el nombre de dominio que lo acompaña) debe ser fácil de escribir y de recordar. "Editorial de Grandes Ideas" es bastante fácil. "Café Writer" es fácil de recordar.

¿Le gusta el nombre de su negocio? ¿Le gusta decirlo en voz alta? ¿Le suena bien? ¿Cómo sonará en la radio, o en una entrevista de podcast?

¿Su nombre indica lo que hace? (No tiene que hacerlo, por cierto. Apple, Amazon y Google no lo hacen, y ellos gobiernan el mundo. Usted no tiene los presupuestos de márquetin que ellos tenían al principio, así que elija sabiamente.)

¿Es difícil de deletrear? ¿Algo confuso ("onda" o "honda")? ¿Es demasiado largo? (Un error común, por lo que veo.)

He ayudado a muchos dueños de negocios a establecer sus nombres comerciales. Soy bueno para encontrar nombres que se ajusten a estos criterios, y buenos eslóganes que los acompañen.

Cuando escucha un buen nombre comercial, lo sabe. Y todos sabemos cuándo escuchamos un pésimo nombre de sitio web, ¿verdad? (Sin mencionar nombres, aunque eso podría ser divertido).

¿Qué hace entonces? ¿Está atascado con un mal nombre? No, en absoluto.

Es mucho más fácil para los autónomos cambiar nuestros nombres que las grandes empresas, eso es un hecho. ¡Conseguir un nuevo nombre de dominio y empezar a usarlo! Es simple.

Además, considere la posibilidad de utilizar un sitio web central como núcleo. YourName.-com (por ejemplo, johnsmith.com) es una gran forma de hacerlo. Actualmente uso steveroller.com para direccionar desde y hacia una página, pero pronto voy a usarla como un portal central para todo—mis libros, charlas, retiros, entrenamientos y excursiones a Ecuador. Manténgase sintonizado.

2. Establezca una CRL, S-Corp o C-Corp

Hágalo oficial. Claro, puede seguir operando como propietario único a efectos fiscales, supongo. Pero puedo decirle que los clientes le toman más en serio cuando dedica el tiempo para establecer una empresa.

Mi Editorial de Grandes Ideas, CRL me hace *sentir* que estoy haciendo algo mucho más grande, y lo estoy haciendo. Tuve que crecer en ello, pero sabía desde el principio que tenía grandes planes para mi negocio. Si usted también los tiene, ¿por qué no hacer algo grande y establecerlo correctamente?

No sé sobre otros estados, y nuevamente, no estoy dando consejos jurídicos aquí. Busque un CPA y un abogado en este caso. Pero sé que, en Wisconsin, donde yo vivo, fue realmente fácil establecer una compañía de responsabilidad limitada por mi cuenta en línea. Solo me tomó alrededor de 45 minutos y $ 130, y cada año en la fecha de aniversario me lleva cinco minutos y $ 25.

Por eso obtengo beneficios fiscales y protección de responsabilidad personal, manteniendo mi negocio y mi vida personal algo separados. Para más información sobre esto, mire sba.gov o legalzoom.-com. No le recomiendo que use el Zoom Legal para hacerlo, pero ahí obtendrá algunas respuestas.

3. Apueste por usted mismo.

Lo que quiero decir es, ¡vaya con todo! Hágalo a tiempo completo si puede, una vez que tenga algunos clientes regulares y sistemas de márquetin establecidos.

No recomiendo abandonar el barco demasiado pronto. ¿Tiene un buen trabajo con buenos beneficios? ¡Quédeselo! Guarde algo de dinero poco a poco hasta que tenga 6-12 meses de gastos de manutención guardados. Consiga algunos clientes de confianza que pueda atender en su tiempo libre (algo de lo que he mencionado algunas veces en este libro).

Pero si tiene la oportunidad de involucrarse a tiempo completo... Por supuesto, ¡hágalo!

Muchos redactores lo hacen de forma paralela, y puede ser un buen trabajo complementario, seguro. Es lo mismo con los agentes inmobiliarios. Muchos de ellos están a tiempo parcial, y eso está bien.

Pero piense en esto. Si usted es el cliente, ¿contrataría a un plomero de tiempo parcial? ¿Un abogado a tiempo parcial? ¿Un consejero financiero a tiempo parcial? Sé que no lo haría. Yo quiero a alguien quien esté totalmente involucrado, que apueste por sí mismo. Sea esa persona.

4. Dese un cambio de imagen profesional.

Como hablamos en el capítulo nueve, la primera impresión cuenta. La imagen realmente marca la diferencia.

Tómese fotos profesionales cada año, mantenga un sitio web atractivo y actualizado e incluso considere contratar un estilista personal. No son solo para mujeres, por cierto. Cada vez más hombres mantienen un asesor de vestuario y estilo bajo honorarios.

Shakespeare escribió: "La ropa a menudo proclama al hombre", y tenía razón. Mark Twain lo respaldó. "La ropa hace al hombre. La gente desnuda tiene poca o ninguna influencia en la sociedad." Eso es todo.

5. Sea transparente en lo que hace.

No sólo en lo que hace, sino para quién lo hace, y cómo es usted diferente y mejor, eso es lo que importa. Empiece a decirle a todo el mundo (en su márquetin, y socialmente cuando sea apropiado).

6. Encuentre su primera historia de éxito.

Los estudios de casos y las historias de buenos clientes son oro. Haga un gran trabajo para un cliente inicial, escríbalo como una historia de éxito en su sitio web en algún lugar, y tendrá una base sobre la que podrá construir. Una historia tiende a llevar a la siguiente, y todo lo que necesita es una para reclamar su lugar y probar que usted si sabe lo que está haciendo.

Si usted es diseñador gráfico, cree un gran logo y muéstrelo en tu sitio web. Como redactor publicitario, yo resalté mis primeros proyectos exitosos, y los clientes no sabían que eran mis dos únicos proyectos hasta ese momento. Mi esposa, Emida, es una talentosa artista de mural, y comenzó en 2005 con una hermosa pieza presentada en nuestro desfile de hogares local. Eso, sin ayuda de nadie, lanzó su carrera y la estableció como *la* artista de murales en esta área. Ella reclamó su lugar.

7. Deje que sus clientes hablen.

Aquellas historias de éxito con clientes son geniales para mostrar. ¿Mejor aún? Un testimonio de un cliente satisfecho es oro. ¡Sí, bebé! Coloque esos elementos al frente y al centro en su sitio web y donde sea que pueda. ¿Lo mejor en estos días? Un video testimonial de un cliente entusiasta. Ver es creer.

8. Eche raíces.

Sí, incluso si usted es un "nómada digital". Ese fue un término popular hace unos años, pero no tanto en estos días en los que hay más de 80.000 nómadas digitales corriendo por todo el mundo, diciéndole a *usted* también cómo ser un nómada digital.

Algunas personas dirían que estoy haciendo lo mismo, supongo. Pero creo, desde la perspectiva del cliente, que es mejor *no* estar constantemente en desplazamiento. O al menos publicar ese estilo de vida dondequiera que vaya.

Yo viajo mucho, y he pasado bastante tiempo al sur de la línea ecuatorial, pero mis clientes nunca saben dónde estoy. Me gusta mantenerlo así. Prefiero proyectar una imagen de que estoy establecido en un solo lugar, trabajando diligentemente en sus proyectos. Y desde un punto de vista puramente práctico, es mucho más fácil desarrollar un ritmo de trabajo si echa raíces en algún lugar.

9. Deje que su luz brille, mucho más que en línea.

Los negocios únicamente en línea se sienten como si se fueran a convertir en humo en cualquier momento. Establezca alguna presencia física, también. Hable, organice eventos en vivo, conozca a sus clientes en persona si puede.

10. Escriba un MiniBük®.

¡Esta es una de mis formas favoritas de distinguirme! Como dicen en minibuk.com, estos son "libros de tamaño de un bocado para gente ocupada" y una "oportunidad de publicar un libro que le ayudará a evitar el desorden de la sobrecarga digital".

Un MiniBük® es un libro físico de bolsillo que generalmente contiene aproximadamente 64 páginas. Debido a su pequeño tamaño, solo necesita alrededor de una cuarta parte del contenido que necesitaría para un libro normal, por lo que es una excelente manera de presentar sus ideas en forma de libro antes de tener suficiente material para un libro de tamaño completo como éste.

También puede usarlos como un generador de clientes potenciales, un regalo cuando hace presentaciones, o una herramienta de preventa antes de una reunión con un cliente.

11. ¡Escriba un libro!

Un libro, un libro *físico*, va a durar más que cualquier publicación en medios sociales, texto de sitios web, cursos en línea, videos de YouTube, o cualquier otro contenido digital que produzca. Sus clientes y seguidores se aferrarán a un libro, aunque ya no visiten su sitio web. Escribir un libro es la mejor manera, en mi libro, de reclamar mi lugar.

De hecho, se me ocurrieron 40 razones por las que usted debería escribir un libro.

1. Usted tiene cosas importantes que decir y el mundo necesita escucharlas.

2. La gente no bota los libros. En algún lugar, dentro de 50 años, alguien tropezará con su libro, lo leerá y actuará en consecuencia.

3. Cuando este sentado en un avión y la persona a su lado le pregunte a qué se dedica, puede decir simplemente: "Soy un autor". Mucho más fácil que tratar de describir lo que es un redactor, o lo que usted hace.

4. Lo mismo en las funciones sociales o en los cócteles. "Soy un autor" crea más interés que "soy un redactor"

o "Soy un vendedor por internet".

5. Le presentarán a más gente. Todo el mundo quiere contarle a la gente sobre su amigo, el escritor.

6. Si usted es soltero, tendrás más citas.

7. Si usted está casado, tendrá al menos una persona que piense que su libro es el mejor.

8. Le dará más credibilidad en su campo.

9. Usted puede autografiar un libro. Difícil de hacer con un ebook.

10. La impresión está lejos de morir. De hecho, según un artículo reciente del New York Times, las ventas de libros electrónicos están bajando.

11. Los libros electrónicos no son buenos regalos. Los libros impresos sí.

12. Usted conseguirá charlas en vivo si lo desea.

13. Esas charlas le proporcionarán más clientes.

14. La gente empezará a pedirle más consejos, sobre todo tipo de temas.

15. Un libro es mucho más efectivo que una tarjeta de presentación.

16. Un libro lleva a un segundo libro. Es sólo el comienzo.

17. Cuando usted envía su libro a un buen prospecto, hay muchas posibilidades de que llame su atención.

18. Si lo envía en 2 días a través de su membresía de Amazon Prime, su único costo será el precio del libro (y usted obtendrá su parte de eso).

19. En lugar de siempre dirigir a la gente a su sitio web, puede decirles que revisen su Página de Autor en Amazon.

20. Una buena página de autor de Amazon podría enganchar a tanta gente como su sitio web.

21. Amazon se está apoderando del mundo. ¿Por qué no ser parte de ello?

22. Usted podrá desarrollar programas y cursos basados en su libro, atrayendo más ingresos.

23. Usted puede ser entrevistado en un podcast, mucha gente lo escuchará, y su alcance se extenderá.

24. Usted será entrevistado en la estación de radio si gusta.

25. Entrevista en podcasts, entrevistas de radio, y charlas en vivo, generarán tráfico en tu sitio web.

26. Ofrezca los primeros dos o tres capítulos gratis en su sitio web para aumentar su lista de correo electrónico.

27. Una lista de correo electrónico más grande significa más oportunidades para vender sus otros productos y servicios.

28. Usted será capaz de aumentar sus honorarios en todo lo que ofrece, debido a su nueva experiencia percibida.

29. ¿Acuérdese de su profesora de inglés de segundo año que le dio una "C"? Envíele su libro (si todavía está viva).

30. ¿Y si no lo está? Envíelo a alguien más que dudó de sus habilidades.

31. Comercialícelo bien y tendrá una estupenda y continua fuente de ingresos pasivos.

32. Planee desde el principio escribir toda una serie de libros. Piense en la serie Padre Rico de Robert Kiyosaki, o en los libros de Cuatro Horas de Tim Ferriss. Si la gente compra uno, ellos querrán cada uno de la serie.

33. ¿Malo para comprar para la gente como yo? Deles su libro (autografiado, por supuesto).

34. Autografiar su propio libro es uno de los sentimientos más geniales.

35. No recomiendo esto como estrategia de venta de libros, pero ¿se imagina hacer una firma de libros en Barnes & Noble?

36. De nuevo, esta no es una estrategia que yo recomendaría, pero las librerías pequeñas e independientes estarían encantadas de que hiciera una breve presentación y firma de libros para sus miembros.

37. Ayudar a una librería independiente a promover su firma le dará más facilidad para comercializarse.

38. Promocionarse a sí mismo será útil cuando sea famoso.

39. Podría convertirse en autor de los libros mejor vendidos del New York Times y ganar mucho dinero.

40. Es más probable que se haga rico si convierte su libro en un negocio.

Allá vamos. Más sobre esta idea de escribir un ejemplar en mi próximo libro: *El Sabático Solitario: Cómo aumentar su salud, riqueza y relaciones alejándose de todo.*

Sea más que un gurú digital o un comercializador en internet. ¡Reclame su Lugar! Marque los límites de su territorio, físico y en línea. Dígale a su audiencia con quién trabaja y con quién *no* lo hace. Hágase ligeramente inaccesible. Trabajar con usted debe ser algo exclusivo.

Reclamar su lugar se trata de **posicionamiento.**

Lo último acerca de reclamar su lugar, no es como reclamar su parte del negocio que está ahí fuera antes de que alguien más lo haga. No se trata de obtener su tajada del pastel antes de que sus competidores se adelanten. Eso es una verdadera "falta de pensamiento" y una mentalidad de escasez.

Volviendo al discurso económico que tuve en la introducción y en el capítulo uno (ésta debería ser mi última referencia económica), una teoría afirma que la economía, o cualquier sector de ella, es como un gran pastel. Donde hay todo tipo de jugadores, todos ellos compitiendo por su "pedazo del pastel".

Como autónomos, creo que tenemos el deber, y la obligación de *expandir* el pastel de la economía. No es una tarta de tamaño fijo, todos estamos empujando, luchando y peleando por nuestra parte. ¡No! ¡Tenemos la oportunidad verdaderamente mágica de ampliar la economía!

Estoy hablando muy en serio sobre esto, y asumo la responsabilidad no solo de desempeñar mi parte en eso, sino también, de ser un evangelista y difundir la palabra.

Soy un evangelista de la economía independiente, y no descansaré hasta que mi mensaje llegue a los confines de la tierra. Mi misión es verdaderamente internacional. Ya he organizado dos eventos internacionales, "el último retiro de redacción para autónomos" y "el crecimiento de su negocio en un mundo congestionado y estridente" en Quito, Ecuador, y planeo organizar muchos más.

Recientemente me di cuenta de que el 28% de mi negocio era de fuera de los EE.UU., y mi grupo de Café Writer se compone de profesionales independientes de 53 diferentes países. De hecho, el 61% de nuestro grupo es de fuera de los Estados Unidos. Menciono esto porque quiero que se dé cuenta de que no importa el país en el que viva, usted tiene una tremenda oportunidad de reclamar su lugar, y haré todo lo que pueda para ayudarlo.

Por cierto, mi grupo Café Writer no es solo para escritores y redactores. Es para cualquier profesional independiente, propietario de una pequeña empresa o cualquier creativo independiente que quiera establecer un negocio. Conéctese conmigo personalmente en Facebook o solicite unirse al grupo de Café Writer en Facebook, y lo agregaré al grupo.

En resumen: Nunca antes hubo un mejor momento que el de hoy para ser independiente, para reclamar su lugar y desarrollar un negocio exitoso.

Y usted pensó que *El Manifiesto del Profesional Independiente* iba a ser todo oscuro y sombrío. ¡Ja! El lado brillante se hace aún más brillante, especialmente cuando usted es bueno en algunas habilidades fundamentales.

Esto va a ser divertido...

Capítulo 11: Destáquese en algunas habilidades fundamentales

¿Recuerda al principio de este libro? Es hora de volver a las tres palabras iniciales en la introducción:

"El trabajo independiente es difícil".

No importa qué tipo de profesional independiente sea usted, ejecutar su propio programa no es fácil. Va más allá de dominar su campo de especialización. Obviamente, debe ser un buen escritor, redactor, camarógrafo, escritor técnico, diseñador (diseñador gráfico, diseñador de sitios web), entrenador (asesor de negocios, consejero de vida, un médico de la salud), o cualquier otra cosa que usted haga como profesional independiente.

Eso es imperativo.

Como hemos comentado, cualquier oportunidad comercial potencialmente lucrativa tendrá competencia. Es la naturaleza de una buena economía de libre mercado.

Así que, primero y, ante todo, usted necesita ser bueno en lo que hace. Los clientes y la competencia pueden reconocer una falsificación a una milla de distancia. Eso no quiere decir que no deba empezar a conseguir clientes y ganar dinero antes de ser un profesional pulido. Debería hacerlo. Hay clientes por ahí para cada nivel de habilidad.

Lo que digo es lo siguiente. Su habilidad para prosperar en su campo de trabajo depende en gran parte de sus otras habilidades. O bien ya las tiene o necesita desarrollarlas:

166

1. Habilidades de conexión

2. Habilidades de venta

3. Habilidades de márquetin

4. Habilidades de redacción

Hablamos de estas cuatro habilidades fundamentales "fortalezas" en profundidad en el capítulo tres.

Si está leyendo esto y usted es un redactor, la redacción es su servicio principal, desde luego. Aquello lo tiene asegurado y espero que esté en mi grupo de Café Writer en Facebook y en mi comunidad de Café Back Room. Si está tratando de construir un negocio, le animo a unirse.

¿No es un redactor? No se preocupe, puede aprender a escribir por sí mismo, si tiene el deseo de aprender este arte.

Compre un par de libros de redacción en Amazon, obtenga la mayor cantidad posible de información gratuita en línea, practique y comience con clientes y proyectos de nivel básico. No tiene que gastar cientos y miles en cursos o conferencias de redacción publicitaria. Esas cosas pueden ayudar, pero no necesariamente tiene que escribir sus propios materiales promocionales, de los que hablaremos más en el capítulo catorce.

Una vez más, no me importa qué tipo de negocio esté operando, qué tipo de autónomo sea, si puede ser bueno en el márquetin, la venta, la redacción y la conexión, tendrá un rendimiento superior y superará al $98\frac{3}{4}\%$ de sus competidores, garantizado.

He enseñado esto en mis retiros de inmersión en el negocio de las grandes ideas durante los últimos siete años. Estas son habilidades fundamentales y esenciales para el éxito. Los profesionales independientes a veces me preguntan, "¿Cuál es la más importante? ¿Cómo priorizar el aprendizaje de estas habilidades?"

Basándome nada más que en mi experiencia personal y mis habilidades de observación, así es como las ordenaría y por qué.

Vender

Vender es el número uno, sin duda. Incluso más que la redacción. Puede contratar a un redactor para que escriba sus anuncios y mensajes de publicidad, pero si está en el negocio por cuenta propia, deberá aprender cómo venderse a sí mismo y sus servicios. Puede tener el mejor márquetin y redacción de textos publicitarios, y aun así tendrá que comunicarse con los clientes y posibles clientes en algún momento.

Redactar

La redacción es el número dos. De nuevo, como fundador de Café Writer, soy un poco parcial. Pero incluso si no fuera un redactor y asesor de negocios, le diría que la redacción es una habilidad fundamental. Ya sea que usted es diseñador gráfico, escritor de contenidos, fotógrafo o cualquier otro tipo de profesional independiente, debería tener algunos conocimientos básicos y sólidos de redacción.

Conocimiento de, y con suerte talento para (así no tiene que contratar a los redactores). No importa qué sistema de publicidad utilice, tiene que comunicarse de manera efectiva. Si entiende la redacción, entiende a su público.

Conectar

Conectarse es la tercera parte de mi libro. Se trata de dar una buena primera impresión, encontrar maneras de ayudar a otras personas y desarrollar relaciones auténticas, algo que desafortunadamente hace falta en el mercado actual.

Dos libros que no puedo dejar de recomendar fehacientemente: Keith Ferrazzi's Never Eat Alone (Nunca coma solo), y el clásico de Dale Carnegie, How to Win Friends and Influence People (Cómo ganar amigos e influenciar en las personas). Si usted se centra en aprender y perfeccionar las ideas de esos dos libros, usted tendrá éxito.

Márquetin

Márquetin. El márquetin es importante, pero de estas cuatro habilidades, creo que es la menos importante. ¿Por qué? Porque está cambiando constantemente. Las otras tres son habilidades perennes. Además, siempre puede contratar a otra persona para que haga la publicidad por usted. No es tan fácil contratar la conexión y la venta.

Algunas personas piensan que el márquetin triunfa sobre la redacción publicitaria. Yo digo, ¿por qué no tener buen márquetin *y* buena redacción? Y saber cómo vender y conectarse con la gente. Domine estas cuatro habilidades y será imparable.

¿Cómo sabe cuándo ha desarrollado estas habilidades a un nivel adecuado? ¿Y alguna vez logra dominarlas?

En primer lugar, sí. Creo que puede dominarlas. No necesariamente el Malcolm Gladwell, el dominio del estilo de 10,000 horas o el nivel de *dominio* de Robert Greene, pero con tiempo y esfuerzo puede llegar a la mitad. Hablaré más sobre esto en el capítulo dieciocho, "Lleve su negocio al nivel 11".

169

Hemos hablado de estas ideas a lo largo del libro: Trabaje en su oficio. Piense antes de la curva. Conviértase en un gran generador de ideas, manténgase fuera del radar, construya su marca personal, reclame su lugar.

Mientras hace todo eso, simultáneamente se vuelve bueno vendiendo, comercializando, escribiendo y conectándose.

Puedo escucharlo decir "espere un segundo", "yo no me inscribí para todo esto. Sólo quiero ser un profesional independiente _____".

Diseñador gráfico independiente, fotógrafo independiente, redactor independiente, lo que usted sea, ellos se olvidan de decirle sobre el resto de habilidades que usted necesita, ¿verdad? ("Ellos" son cualquier persona que lo haya involucrado en su negocio, tal vez tenían algún programa, herramienta, recurso, webinar o conferencia para venderle, pero se olvidaron de decirle la *realidad* del trabajo independiente.)

Bien, usted puedes ser "solamente" un profesional independiente, compite con las masas, y encaja en el círculo de todos los profesionales independientes que hacen lo que usted hace.

O usted puede convertirte en un jugador "completo". Una analogía rápida y luego cerraremos este capítulo. Soy un gran fanático del béisbol. Si usted también lo es, sabe a dónde voy con esto.

En el béisbol, un jugador completo puede golpear con potencia, golpear en promedio, correr rápido, lanzar bien y en el campo.

Si usted es un profesional independiente completo, es muy bueno vendiendo, escribiendo, conectando y comercializando. Además de esas habilidades, también domina su industria por dentro y por fuera. Si usted es un redactor publicitario, no sólo es bueno escribiendo, sino que también conoce quienes son los otros jugadores, conoce las brechas y el panorama de la oferta y la demanda. Usted es un "detective de la competencia" y sabe cómo posicionarse en el campo de juego.

Uno o dos jugadores completos pueden llegar a las ligas menores, pero eso es lo más lejos que llegarán. Usted Puede ganarse la vida decentemente jugando en la doble A o en la triple A.

Pero si ha llegado tan lejos en el campo elegido, ¿por qué no ir a lo grande? ¿Por qué no batear a las grandes ligas? Está allí para que lo aproveche, y a diferencia del béisbol profesional, creo que la competencia es realmente menor una vez que llega a ese nivel.

Por su puesto, hay que estar atento y adelantarse a los jóvenes y a los que vengan. Pero la vida se hace mucho más fácil, cuando usted es un profesional independiente completo. Como dirían los surfistas y esquiadores: *"Hazlo a lo grande o vete a casa"*.

Incluso si tiene las herramientas, hay una cosa más que necesita. Algo que ha impedido a muchos autónomos hacerlo en grande.

Necesitas absolutamente...

Capítulo 12: Desarrolle su propio caparazón

Desarrolle su caparazón de los escépticos y detractores, pero también de los mentores y entrenadores.

Cuando empiece a dejar su huella y a reclamar su lugar en este gran salvaje oeste, libre para todos, no todos querrán verle triunfar.

Le garantizo que tendrá incrédulos y detractores. Los escépticos pueden ser amigos y familiares bienintencionados, que piensan que está un poco mal por no tener un trabajo de verdad. Dirán cosas como: "¿Cómo va tu pequeña cosa de la escritura?" o "He escuchado que _____ está contratando. Deberías presentar tu solicitud".

En la mayoría de los casos, probablemente no han tenido experiencia en dirigir su propio negocio. Los empresarios y los hombres de negocios suelen ser alentadores y solidarios.

Los detractores pueden ser amigos o colegas envidiosos. Ellos podrían ser sus competidores a los que no les gusta que irrumpan en su territorio. Podrían ser antiguos compañeros de trabajo a los que no les agrada el hecho de que "usted se haya independizado". Puede que ni siquiera escuche sus sarcasmos de primera mano. Es probable que estén hablando a sus espaldas, chismorreando con sus amigos sobre usted.

Mire, tiene que aceptar el hecho de que no le agradará a todo el mundo. Lo sé, lo sé, es difícil de creer, ¿verdad? Puedo decirle que, con un grupo de más de 9.500 personas, no le simpatizo a todo el mundo. Normalmente sólo dejan el grupo, pero a veces generará altibajos.

A veces los clientes pueden no estar contentos con sus servicios. Cuando hace negocios por sí mismo, la responsabilidad recae sobre usted. Nadie a quien culpar, arriba, abajo o a los costados.

Ya sea que se trate de familiares o amigos que no entienden completamente lo que intenta hacer, colegas y competidores envidiosos, clientes descontentos, o seguidores, simplemente tiene que desarrollar su propio caparazón.

Desarrolle la capacidad de no dejar que los comentarios negativos y las críticas lo afecten. He visto a esta gente destrozada. En serio.

A medida que usted gana más atención, gana más dinero, y tiene más éxito, se vuelve emocionalmente resistente a cualquier crítica que no sea válida. Es similar al tipo de fortaleza emocional con la que los vendedores tratan a diario. Debido a que pasé 17 años en ventas directas desde 1986 a 2003, esta fuerza emocional es una característica que he desarrollado naturalmente.

Créame, he recibido muchos cumplidos, sarcasmos, puñaladas, y a veces, auténticas golpizas. Nunca en mi cara. La gente no es tan audaz. No, ellos se lo dicen a sus amigos, quienes a su vez se lo dicen a usted (sin que lo sepa el lanzador de dardos). Sí, escucho cosas. Me doy cuenta de que no soy la taza de té de todo el mundo. Usted tampoco lo será. Eso es algo bueno.

Sea usted mismo, construya su marca personal y dese cuenta de que tendrá detractores. Haga lo que yo llamo "aplicar la cera de tortuga". ¿Sabe usted que sucede cuando encera su coche y luego llueve? Las gotas de lluvia se acumulan y caen rodando del coche.

Eso es lo que tiene que hacer con la crítica negativa dirigida hacia usted. Dejar que se acumule y ruede hacia fuera, que no penetre donde pueda afectarle emocionalmente.

Ignore la crítica destructiva.

Por otro lado, en realidad quiere buscar una retroalimentación honesta y constructiva. Como autónomos, trabajamos en el vacío. Nosotros no tenemos colegas en una oficina para compararnos con nosotros mismos. No tenemos un jefe.

¿Recuerda el punto número diez del capítulo 5? No tener un jefe *no* es algo bueno.

Por lo tanto, si no tenemos cuidado, seguiremos nuestro camino feliz operando como autónomos. Lo haremos bien financieramente, hasta incluso mejor, pero no aprovecharemos todo nuestro potencial porque nunca recibimos orientación, comentarios y críticas constructivas.

¿Qué debe hacer un profesional independiente? Por naturaleza, un profesional independiente es un lobo solitario. Probablemente usted es un profesional independiente en gran parte porque no quiere un jefe. ¿Estoy en lo cierto?

Obtenga retroalimentación.

Pero aun así necesita retroalimentación en su trabajo, o no va a mejorar tan rápido como debería. Puede obtener esa retroalimentación en forma de críticas individuales de colegas y compañeros, un consejero pagado, un mentor (un asesor no remunerado), o revisiones de compañeros en un foro de discusión en un grupo de Facebook o en un sitio privado de membresía.

Cada uno de ellos tiene sus pros y sus contras. Las revisiones de los compañeros son buenas porque normalmente son gratuitas, pero tampoco suelen ser tan acertadas o útiles. Las valoraciones de un entrenador pagado pueden ser duras, y posiblemente caras. Pero ese tipo de retroalimentación profunda, honesta y constructiva nos impulsará más rápido.

Es como la diferencia que existe entre recibir ayuda por parte del profesor en una clase de cálculo en la universidad o del asistente, o peor aún parte del chico que se sienta a su lado en la clase y lo entiende tan bien como usted lo hizo.

El problema es que la retroalimentación áspera puede herir. Es doloroso darse cuenta de que tal vez no somos tan buenos como pensábamos.

Usted tiene que ser inmune a la internalización de este tipo de críticas. No puede tomárselo como algo personal.

Pero usted debería, por todos los medios, buscar y escuchar este tipo de consejos. ¡Desarrolle su propio caparazón! Y por favor, haga todo lo que esté a su alcance para obtener observaciones sobre cada aspecto de su negocio de forma regular—su sitio web, materiales de márquetin, reporte de ventas, y su trabajo con los clientes. Especialmente para los redactores, es imperativo que alguien critique su trabajo.

Los clientes no le darán una retroalimentación adecuada. La familia y los amigos son demasiado amables. Los grupos de revisión de compañeros a menudo no son los mejores evaluadores. Busque un asesor y un mentor. Creo que conseguir un entrenador o mentor bien calificado que trabaje con usted de forma continua y en profundidad, que no se contenga, es lo mejor que puede hacer para avanzar rápidamente en su negocio. Sin lugar a dudas.

Si esa persona es buena, también le animará a extenderse y…

Capítulo 13: Diga "Sí" a las oportunidades

Expándase

Si pudiera ofrecer un consejo a los profesionales independientes de todo tipo, aquello sería: **expandirse.**

Expándase más allá de sentirse cómodo. Extiéndase más allá de los límites de aquello que ha hecho antes. Expándase más allá de lo que otras personas (tal vez aun incluyendo a su asesor o mentor) piensan que puede hacerlo.

El modus operandi típico es hacer lo que se requiere para tener una vida decente. No es fácil presionarnos, especialmente cuando no tenemos que rendir cuentas a nadie.

Sin embargo, ese no soy yo, y sé que usted tampoco lo es.

Si usted es algo así como yo, decidió hacer su propio programa en parte porque se sentía sofocado dentro de los confines de un trabajo tradicional. Un trabajo donde sus buenas ideas, el ajetreo, y el resultado de sus colegas no fue recompensado adecuadamente.

No está satisfecho con "ganarse la vida decentemente". No quiere jugar a "seguir al seguidor" y hacer lo que todos los demás profesionales independientes hacen.

No, usted está apuntando a las grandes ligas, donde las recompensas son grandes, la competencia es escasa, y realmente puede **dejar un legado** (ver Capitulo 16 para más sobre aquello).

¿Qué tiene que hacer? **¡Decir "sí" a las oportunidades!**

Haga todo lo posible para ubicarse en situaciones en las que las personas le pidan que haga cosas que no ha hecho antes.

Diga sí

Su trabajo es decir "sí" a las oportunidades.

En cierto modo, este concepto de decir "sí" a las oportunidades es la historia de mi vida. Yo nunca me sentí cómodo a menos que saliera de mi zona de confort, hasta el punto en que a menudo me sentía nervioso y asustado de hacerlo.

El verano después de mi primer año en la Universidad de Wisconsin Madison, aproveché la oportunidad de trabajar en una compañía llamada Southwestern Advantage. No tenía ni idea de en qué me estaba metiendo con esta compañía con sede en Nashville, Tennessee. Durante 131 años, habían proporcionado a los estudiantes una forma de ganar dinero para la universidad. ' Básicamente, consistía en ir a las oficinas centrales de la compañía en Nashville para una semana de entrenamiento en ventas, justo después de terminar los exámenes finales en mayo.

Después de eso, asignaron grupos de unos 20 o 30 estudiantes a varias partes del país, donde establecimos una base de operaciones para el verano. Teníamos que encontrar nuestro propio lugar para vivir, pagar todos nuestros gastos, y luego tocar puertas 80 horas a la semana vendiendo libros educativos, por comisión puerta a puerta.

¿Loco? Un poco. ¿Un expandirse? Definitivamente. Implicaba una seria de autodisciplina y verdaderas habilidades.

(Por cierto, no confunda esto con grupos itinerantes de jóvenes que venden suscripciones a revistas. Southwestern Advantage es una compañía con mucha reputación que lleva más de 160 años. Cientos de empresas buscan contratar estudiantes que hayan pasado por este programa de ventas y liderazgo).

Este trabajo estaba tan lejos de mi zona de confort, la mayoría de la gente que me conocía estaba segura de que iba a fracasar en él. Era un gran reto, pero me mantuve en él. Aprendí a vender, gané bastante dinero con ello y volví a hacer el mismo trabajo durante los veranos subsiguientes de mi segundo, tercer y último año.

En mi mejor verano (1989) gané 20.314 dólares en 12 semanas, lo que equivale a 43.325 dólares o un ingreso *anual* de 187.742 dólares en 2020. No está mal para arriesgarse y expandirse, ¿eh? Pagué la universidad completamente por mí mismo, me gradué de la Universidad de Wisconsin sin un centavo de deuda, tenía un coche que pagué en efectivo, y en realidad tenía dinero en el banco. Por cierto, también viajé a 17 países antes de graduarme.

Después de adquirir algunas habilidades de venta con Southwestern, pensé que había agarrado al mundo por la cola. Apuntaba a lo grande, planeando ser millonario a los 30 años. Mi primera entrevista real tuvo lugar en el Plaza de Nueva York, con una editorial legal llamada Matthew Bender & Company. Se trataba de llamar a abogados de alto nivel a sus oficinas, para venderles libros de derecho y recursos. Por alguna razón pensé que eso sería pan comido puesto que tenía algo de experiencia.

¡Equivocado! Sin ofender a los abogados de todas partes, pero preferiría entrar en contacto con cualquier grupo de personas menos con ellos. Lo sé ahora; no lo sabía en ese entonces. A pesar de que tenía mucha experiencia en ventas, ese era un mundo totalmente diferente. Los abogados corporativos, las secretarias ejecutivas (los "guardias") de los grandes edificios de Minneapolis eran perspectivas difíciles de alcanzar, pero me mantuve firme y llevé mi juego a un nivel superior.

Años después descubrí la redacción publicitaria. Una vez más, como vender durante las vacaciones de verano de la universidad y luego vender a abogados, esto fue un expandirse para mí. A pesar de que entendía la venta y era bueno en ello, "vender en forma impresa", como a veces se hace referencia a la redacción, no es lo mismo.

Hasta ese momento, nunca había escrito nada en mi vida. Dos trabajos en la universidad y ambos eran malos. Escribir era una habilidad completamente nueva para mí, y subestimé la cantidad de buena competencia que tendría. Estudié el oficio y trabajé en él durante años en mi tiempo libre mientras trabajaba a jornada completa, finalmente hice una pausa para dedicarme a ello a tiempo completo en 2009. Descubrí que la redacción era la parte fácil. Encontrar clientes fue la parte difícil. Nadie jamás me lo dijo, pero también me di cuenta de eso. Expandiendo, siempre expandiendo.

Después de descubrir cómo escribir un texto y algunos clientes cayeron en mi regazo, tuve un par de oportunidades para hacer presentaciones sobre la redacción de textos publicitarios. La primera fue a un grupo llamado Social Media Breakfast, para su Capitulo en Madison, Wisconsin. Una amiga mía que sabía que yo era redactor me pidió que hablara para este grupo, que resultó ser de unos 60 empresarios locales, esto fue un miércoles por la mañana antes del horario de trabajo. Ella sabía que yo era un redactor, pero no sabía que yo era bastante inexperto todavía.

No obstante, preparé una presentación de 60 minutos basada en lo que yo si sabía, y ¿adivine qué? Fui realmente bien recibido, terminé obteniendo un par de buenas referencias de aquello. Aunque no sabía tanto sobre redacción y publicidad en comparación con algunos de los veteranos de la lista A. sin embargo, conocía mucho más que la mayoría de los propietarios de pequeñas empresas locales, y estuvieron agradecidos por la información.

Luego, tuve la oportunidad de ser ponente en un panel de foro en un gran "centro de capacitación" de redacción en Delray Beach, Florida. Todavía no era exactamente una estrella de rock de la redacción, pero si tuve algunos éxitos tempranos, y tenía algunas chispas de sabiduría para compartir con mis compañeros en la audiencia. De hecho, alrededor de 300 asistentes, ¡Hablando de expandirse! Una vez más, escribí una buena presentación, la expuse bien, incluso con una pizca de humor, y atraje la atención de algunos redactores principiantes quienes más tarde me buscaron para pedirme asesoramiento.

En 2017 conseguí hablar con 75 emprendedores en la ciudad de Nueva York en un evento llamado Hustle Fest. Eran en su mayoría más jóvenes, más modernos y más conocedores de la tecnología que yo. Sin embargo, lo que yo sí tenía, era experiencia en ventas y las habilidades de conseguir clientes, ellos se aferraron a cada una de mis palabras.

¿Mi argumento con todas estas historias? Es que, la mayor parte de mi carrera, la mayor parte de mi vida, ¡no he tenido ni idea! Nunca supe completamente lo que estaba haciendo, simplemente dije "sí" a cualquier oportunidad que se presentara.

¿Qué es lo que si tenía yo? **Tenía empuje, ambición y la voluntad de salir adelante, incluso cuando era un poco incómodo.**

Esto es lo que posiblemente la gente no sabe mí. Sí, he dado discursos frente a 300 de mis compañeros, 60 empresarios locales y 75 emprendedores de la Gran Manzana. He sido entrevistado en la radio y en la televisión. Dirijo un grupo de Facebook de más de 9.500 personas y un sitio de membresía pagada. He hecho más de 25.000 presentaciones de ventas individuales en mi vida, y he forjado una gran carrera en ventas.

Pero soy un INFP del tipo de personalidad de Myers Briggs.

"Mientras que ellos pueden ser percibidos como calmados, reservados o incluso tímidos, los INFP tienen una llama interior que puede brillar de verdad… Los INFP a menudo derivan en pensamientos profundos, disfrutando de la contemplación de lo hipotético y lo filosófico más que cualquier otro tipo de personalidad. Dejarlos sin control, los INFP pueden empezar a perder el contacto, retirándose al 'modo ermitaño', lo cual puede requerir una gran cantidad de esfuerzo y energía por parte de sus amigos o pareja para traerlos de vuelta al mundo real".

Le digo esto para que lo sepa, ¡nada de lo que hago es natural! Todo aquello requiere esfuerzo, y todo es muy difícil para mis tendencias normales.

Vender, dar discursos, avanzar un paso adelante y orientar a la gente—nada de eso fue fácil o natural.

Si un chico introvertido y contemplativo como yo, que prefería leer un libro solo en Starbucks un viernes por la noche que ir a una fiesta en el vecindario, puede hacer lo que yo he hecho, usted también puede. *Si* está dispuesto a expandirse.

Solo un par más de historias rápidas, luego concluiré con este capítulo.

Si dar un discurso fuera un extenderse, ¿dirigir mi propio retiro también debería considerarse una expansión? Probablemente, sí.

Cuando me involucré en la redacción, los únicos eventos que vi fueron grandes eventos para 300 o más personas, con oradores expertos que daban consejos genéricos, o eventos más pequeños para mentes maestras con unas 40 o 50 personas, también con oradores gurús, pero aún más caros. Ambos tipos eran geniales para tomar cientos de notas y "beber de la manguera de incendios", no tan buenos como para pensar en aplicarlos y sacar provecho de ellos.

No había ningún taller pequeño, íntimo y personalizado de estilo retiro a un precio razonable. Así que creé uno. Comencé a organizar mis retiros sobre las últimas tendencias en escritura en 2013, un evento de tres días entre cinco y quince personas, en lugares apartados como Vermont y el norte de Wisconsin. Fueron un gran éxito, y hasta agosto de 2019, he organizado 14 de ellos, todos bastante fructíferos en términos de aprendizaje para los asistentes y los resultados que obtuvieron después.

Previamente a estos retiros, también dirigí ocho talleres de redacción de dos días para la formación de los seminarios nacionales. Eso se dio debido a que un reclutador vio "charlas en público" en mi perfil de LinkedIn. Una vez más, dije "sí". ¿Esperé hasta ser un experto? ¿Esperé hasta que fuera un redactor de un millón de dólares? No. Como dijo Ray Bradbury: "Salta de un acantilado y construye tus alas al bajar". Me di cuenta después de saltar, después de expandirme.

Cada oportunidad a la que le he dicho "sí" en la vida se ha convertido en algo bueno que ha hecho avanzar mi carrera. Al trabajar en mi primer proyecto de 5.000 dólares, mi primer proyecto de 10.000 dólares, y al colaborar con el legendario Dan Kennedy. Escribir este libro (le haré saber en qué me baso para mi siguiente libro, próximamente).

¿Siguiente? Quién sabe, tal vez una charla TED. Está en mi lista.

¿Cómo aplica esto para usted?

Hay cinco áreas en las que debe buscar oportunidades para expandirse y decir "sí" a:

1. Vaya por los proyectos de grandes clientes.

¿Cómo hace eso? Comience creando un servicio "Rolls Royce". Si no lo tiene, probablemente no le compren.

2. Establezca contacto con personas de un nivel superior.

No siempre me sentí cómodo hablando con presidentes de empresas, directores de márquetin, o personas influyentes como el gobernador de Wisconsin (hace un par de años en la mansión del gobernador). Pero he aprendido a ser un buen interlocutor, y cada vez que me han invitado a un evento en el que puedo conocer a alguien importante, lo acepto.

3. Hable en público.

Esto, más que nada, le hará sobresalir y se diferenciará de sus compañeros. Le imploro que aproveche cada oportunidad que tenga de hablar en público. Empiece en pequeño si es necesario y vaya subiendo.

Por cierto, yo no empecé dando discursos delante de 60 personas locales o 300 personas de todo el país. Empecé dando docenas y docenas de discursos en mi Capitulo local de Toastmasters International, los venerables *Risers del Oeste* en Madison, Wisconsin. Yo recomiendo sobremanera Toastmasters como un gran sitio para practicar con quienquiera que desee destacarse hablando en público.

4. Organice su propio evento en vivo.

Nada como jugar al organizador de eventos, anfitrión, presentador, profesor, moderador y entrenador, todo en uno para potenciar su rendimiento a gran escala y rápido.

Cualquiera que sea su área de especialización, le garantizo que hay una audiencia de personas a las que les encantaría aprender de usted, y que preferirían venir a un evento en vivo que escucharle en un webinar o podcast.

Si me pregunta, mucha gente hoy en día se esconde detrás del monitor y el micrófono porque es más seguro. Conozco a muchos escritores y vendedores muy renombrados a cuyo público le encantaría absolutamente relacionarse con ellos en persona, sin embargo, todo lo que han hecho es cosas en línea.

No sé si es miedo, pereza, o falta de organización, pero no hay muchas personas que patrocinen sus propios eventos. Algunos se presentan como oradores en el programa de otra persona, hablan durante 90 minutos y se van. Eso está bien, pero no es lo mismo. Organice un evento usted mismo y podrá aprovecharlo para hacer cosas más grandes.

5. Escriba un libro.

¡El Santo Grial! Ahora que tengo uno, es fácil para mí decirlo, ¿verdad?

En serio, escribir un libro le pondrá la cabeza y los hombros por encima de sus compañeros. No es fácil reunir suficientes pensamientos cohesivos en una forma organizada que realmente tenga sentido y se lea bien. Cuando lo haga, automáticamente se elevará a los ojos de sus lectores. Le verán como una autoridad, y como lo escribí en el capítulo 10, hay 40 buenas razones para escribir un libro.

Además de escribir este libro, he escrito varios ebooks, y he ayudado a otros redactores con sus libros. Me encantaría ayudarle a escribir el suyo.

Con cualquiera de estas cinco ideas, le separará de las masas de autónomos que ofrecen el mismo servicio que usted. Es muy difícil hacer eso cuando se esconde detrás de su teclado y deja únicamente que su presencia en línea haga todo el trabajo pesado por usted.

Como he dicho antes, para los clientes, todos nos vemos y sonamos notablemente similares, especialmente si sólo miran nuestra página web. Sea diferente. Luzca diferente. Haga las cosas que otros autónomos no están dispuestos a hacer.

¡Salga! ¡Póngase al descubierto! Deje que el mundo lo *vea*.

Capítulo 14: Grandes ideas + habilidades de redacción = Un negocio rentable

En este punto, voy a asumir que usted entiende el valor de las habilidades de redacción, tanto si es un redactor independiente o cualquier otro tipo de autónomo. La redacción publicitaria es una de las cuatro habilidades fundamentales que todo profesional independiente necesita desarrollar. Ya hablamos de esto extensamente en el capítulo 11.

Por su puesto, puede contratar a un redactor independiente. (¡Están en todas partes!) Sin embargo, para muchas de esas pequeñas necesidades de publicidad y de redacción, probablemente será mejor que pueda bosquejarlas usted mismo rápidamente. Después de todo, usted conoce su negocio mejor que nadie, ¿verdad?

Para proyectos de publicidad más grandes que subcontrate, tener un buen conocimiento de la redacción le ayudará a dirigir a cualquier publicista que contrate.

A esta altura del libro, también entiende el valor de ser un generador de ideas. ¿Combine las dos? Usted será imparable.

Esto es lo que quiero decir. Ya le he dado un ejemplo, el individuo de American Lantern Press. Podría pensar: "Claro, es un redactor de primera clase. Por supuesto, lo hará bien." Las habilidades de redacción de primera clase por sí solas no van a construir un negocio rentable. También necesita las grandes ideas. De hecho, sería mejor que fuera un extraordinario generador de ideas sin conocimientos de redacción que un redactor de nivel A sin ideas propias, trabajando constantemente para otras personas y ayudando a que *sus* negocios crezcan.

Esto va para cualquier persona—redactores, instructores, diseñadores gráficos, o cualquier profesional independiente. A largo plazo, el valor que crea y el capital que acumula en un negocio estará determinado por sus ideas, las habilidades de redacción que utilice para vender esas ideas, y los sistemas de márquetin que incorpore a esa publicidad. Hablaremos más sobre los sistemas en el próximo Capitulo, escale su negocio.

He estado remarcando a lo largo de este libro que trabajar por cuenta propia *no* es el boleto a la riqueza. Trabajar por cuenta propia *no* es lo mismo que construir un negocio. Trabajar por cuenta propia le dará una cosa—un trabajo en el que estará constantemente yendo de proyecto en proyecto.

Hay una forma mejor, y es crear un negocio. Un año antes de que saliera este libro, desarrollé un programa detallado, único en su clase, para guiarle a través de este proceso paso a paso. The 70-Day Sprint: (La carrera de los 70 días) *Cómo pasar de un ingreso inestable como autónomo a propietario de un negocio rentable en 70 días o menos,* es una guía gigante que está creada para llevarse a cabo en el transcurso de 70 días, una lección por día. Está disponible solamente para los miembros de mi grupo de Café Back Room, ante el inicio de una nueva temporada es un gran momento para revisarlo.

Hace unos años, Gary Bencivenga, considerado por muchos como el mejor redactor vivo del mundo, dejó la redacción. Dejó de escribir para los clientes porque tenía un mejor plan: usar sus habilidades de escritura y una gran idea para construir un negocio.

Gary está en el negocio del aceite de oliva. Es algo que aparentemente le apasiona, para ello escribió un buen sitio web (ver freshpressedoliveoil.com), y entorno a ello creó un negocio de suscripciones, lo cual es brillante.

No más redacción para los clientes, incluso con los altísimos honorarios que Gary manejaba. A largo plazo, parece que será un emprendimiento más rentable, y ha sido capaz de salir de la ecuación. Tiene sistemas y métodos de márquetin en su lugar, una excelente redacción para promoverlo, y clientes mensuales. ¿Qué es lo que no le gusta de eso?

En mi grupo de Facebook de Café Writer, tengo numerosos ejemplos de redactores quienes han dejado el estilo de vida del trabajo temporal independiente con el fin de utilizar sus grandes ideas y habilidades de redacción para construir un negocio rentable.

Tanya MarCia tenía un don para la redacción, pero su corazón no estaba en escribir para los clientes. Se dio cuenta de que tenía el candidato perfecto delante de ella: su esposo, Fritz, un exitoso asesor financiero. Empleando una combinación de sus habilidades de redacción junto con el márquetin de respuesta directa y una campaña de marca para Fritz, es ahora uno de los mejores asesores de Nuevo México, sino lo es de todo el suroeste.

En pocas palabras, si le gusta esta idea, aquí tiene tres pasos básicos (de los 70 días de lecciones):

1. Haga una evaluación de sus habilidades o intereses.

¿Qué es lo que mejor hace? ¿Qué es lo que hace por lo que otros pagan (o por lo que estarían dispuestos a pagar)? ¿Qué le apasiona, que podría enseñar a otras personas? Piense en cómo puede llegar a más personas con cualquiera de esas cosas.

2. Salga de la trampa del uno a uno.

Dese cuenta que como autónomo, sólo puede trabajar con un número limitado de clientes individualmente. Y no todos los que son prospectos para su negocio quieren su servicio personalizado. Puede que les guste lo que tiene que decir, y quieran algún consejo y orientación, pero quizá quieran *hacerlo* ellos mismos.

3. ¡Empaquételo!

Empaquete sus conocimientos, ideas y habilidades en un producto de información de hágalo usted mismo (HUM).

Esto podría tomar la forma de un boletín informativo, seminarios web, programas en línea, sitios de membresía (como Cafe-BackRoom.com), libros electrónicos, libros físicos, programas de entrenamiento, podcasts, o eventos en vivo como conferencias o retiros. He hecho la mayoría de estos, y también estoy buscando producir mi propio programa de televisión. No hay nada como el poder de un programa bien pulido que la gente pueda ver, y no sólo el típico YouTube o transmisión en vivo. Estoy hablando de un programa de televisión real. Está en marcha.

Mi punto es que usted es capaz de hacer cualquiera de estas cosas. Puede monetizar cada una. Y debe *impulsar* su negocio con cada una de ellas.

Un negocio independiente está severamente limitado por el número de personas a las que puede servir directamente. El objetivo de un *negocio*, un negocio real que construye la equidad y maximiza su tiempo, y crece en un negocio sostenible a largo plazo que algún día puede *vender*. ¿Cómo lo hace? Pase la página.

189

Capítulo 15: Amplíe su negocio

Un gran día de pago

¿Alguna vez ha soñado con un gran día de pago? Yo sí.

De hecho, pienso en ello todo el tiempo. No hablo de conseguir un gran cliente en el que consiga 20.000 o 50.000 dólares en un día.

Y no hablo de un tío rico que muere y le deja una herencia, o de ganar la lotería. Esos dos pensamientos, comunes para muchos por lo que he oído, nunca han pasado por mi mente.

No, hablo de un gran día de pago en el que vende su negocio y termina con un buen monto de pago global, de un solo golpe.

Tengo que admitir que cuando me involucré en la redacción independiente en 2004, este concepto era lo más alejado de mi mente. ¿Cómo se pude construir un negocio y venderlo? Se trabaja para los clientes proyecto por proyecto. Incluso si se tiene clientes fijos, una vez que se deja de trabajar, el acuerdo se termina. Se es un asesino a sueldo.

Antes de eso, siempre había estado en la venta directa. A menos que usted sea un agente de seguros que vende su cartera de clientes a otro agente, usted realmente no puede vender su negocio de vendedor. Usted vende, tiene clientes o consumidores, pero pertenecen a la empresa para la que trabaja. Se le paga una comisión, y la empresa obtiene los ingresos de los clientes en curso. Si deja la compañía, ese es el final del trato. La compañía obtiene todo lo que ha construido, y sigue adelante.

En un momento dado, sin embargo, tuve la idea de construir y vender un negocio, a una escala muy pequeña.

Un ejemplo

Cuando mis hijos eran pequeños, empecé un negocio adicional llamado Nakoma Lawncare, LLC. Elegí el barrio de lujo de Nakoma en Madison, Wisconsin, conseguí clientes a través de márquetin de respuesta directa (mi primera incursión en la redacción de textos publicitarios), referencias de boca a boca, y construí una buena cartera de clientes habituales. Se quedaron conmigo, temporada tras temporada, por unos pocos años. Emida y yo hicimos la mayor parte del trabajo, contraté a algunos ayudantes también y mi objetivo era tener un negocio para entregárselo a Alex y Salomón cuando tuvieran la edad suficiente para administrarlo.

Nakoma Lawncare era una pequeña operación rentable, y habría proporcionado fácilmente a cualquiera de ellos una forma de pagar la universidad. Pero como ninguno de ellos mostró mucho interés en ello, decidí venderlo.

Ahora, si lo hubiera escalado más alto e implementado sistemas, con mayor número de clientes y tal vez unos pocos empleados, podría haberlo vendido por seis cifras. Como estaba, conseguí una pequeña cantidad de cinco cifras por él y seguí mi camino.

Me hizo pensar, no obstante... ¿podría usar este mismo concepto con un negocio de servicios creativos? ¿O podría de alguna manera construir un negocio de información publicitaria y venderlo?

Lo que le da valor a su negocio

Entonces un día en 2014, el libro Built to Sell (Construido para Vender) de John Warrillow, y desde Amazon apareció en el umbral de mi puerta.

Mi mente exploto y me abrió un nuevo mundo de posibilidades de las que nunca pensé.

Le debo un enorme agradecimiento a mi buena amiga, Leanne Rumsey, quien me lo envió. Por primera vez, me di cuenta de que no tenía que ser sólo un trabajador independiente muy bien pagado. Lo cual está bien, pero **es posible hacer mucho más:**

1. Puede desarrollar **sistemas y procesos** en su negocio que *no* dependan de usted y sus habilidades.

2. Puede construir **una lista de prospectos y clientes calificados** que estén comprometidos e interesados en lo que usted tiene para ofrecer.

3. Puedes desarrollar una base **de suscriptores leales.**

Estas tres cosas le permitirán construir un negocio que algún día podrá vender. No puede hacer esas cosas si usted simplemente cambia sus habilidades y el tiempo como profesional independiente por dinero.

Déjeme darle dos ejemplos, uno relacionado con mi pequeño negocio de Nakoma y el otro relacionado con mi negocio de redacción.

Después de vender mi negocio de Nakoma, podría haber tomado todo lo que había aprendido e implementado y empacarlo en un producto de información. Soy un escritor bastante bueno, así que pude haber creado una carpeta de tres anillos llena de material sobre cómo empezar y dirigir un negocio de cuidado del césped desde cero, sin requerir capital o experiencia. Ya sea para chicos que quieren convertirlo en una empresa a tiempo completo, o para chicos de secundaria o universitarios que quieren ganar mucho dinero en el verano.

Esta información sobre cómo hacerlo, que podría ser fácilmente vendida a través de anuncios en Facebook u otros canales de comercialización en línea. Cualquier cosa que sepa hacer y que otras personas quieran aprender puede convertirse, de alguna manera, en un producto de información que puede vender. Si no está seguro de cómo hacer esto, hablemos y le mostraré. Mándeme un mensaje a steve@cafewriter.com, que ha leído unas cuantas veces en este libro.

Un ejemplo bastante sencillo, ¿verdad? ¿Pero qué hay de un negocio creativo, como un diseñador gráfico o un redactor? ¿Cómo se empaqueta eso y se vende?

Bueno, John Warrillow da un gran ejemplo a lo largo de todo su libro Built to Sell. ¡Cómprelo, léalo e interiorícelo!

Aquí tiene otro ejemplo. Digamos que soy un redactor que tiene un enfoque diferente al de la mayoría. En lugar de centrarme en un nicho de mercado en particular, o en mí y mis habilidades como redactor, tomo una perspectiva distinta.

Invento un sistema de comercialización propio, específicamente para ayudar a los propietarios de pequeñas empresas que tienen presencia tanto física como en línea. Parte de mi marca es que dirijo mi propia agencia de márquetin y publicidad desde un café (lo cual hago, ahora). Como manejo mi agencia desde un café, y se ajusta al estilo de publicidad que se me ocurrió, la llamo Espresso Shot Marketing™.

Los métodos y sistemas de comercialización son diferentes a aquellos que los demás lo están haciendo, y muy eficaces. También son de marca y memorables. (No voy a darle los detalles ya que recientemente vendí esta idea a alguien de mi grupo.) Incluido en este márquetin hay una forma para que el dueño del negocio involucre a su audiencia y venda más, algo que yo llamo la dosis diaria de expreso. También reciben café reportes, informes semanales de mi agencia de publicidad de Café que los mantiene al tanto de lo que pasa con el márquetin de las pequeñas empresas, su competencia y la economía.

Esta es una agencia de márquetin, publicidad y redacción que podría algún día venderse, y probablemente lo haga. Puede hacer lo mismo con cualquiera que sea su servicio… SI se elimina a si mismo de la ecuación, inventa alguna propiedad intelectual creativa (no puede ser sólo John Smith Redacción), implemente algunos sistemas y procesos de propiedad, y construya una base de clientes y consumidores leales. Estos clientes deben estar vinculados al *negocio* y a los *resultados*, no a *usted*.

¿Ve la diferencia entre construir y ampliar un negocio o ser un trabajador autónomo con un salario elevado? En el uno, usted es dueño del activo. En el otro, usted es un asesino a sueldo que ayuda a otro a construir su negocio.

He establecido un negocio anteriormente y lo he vendido. Lo estoy haciendo de nuevo con el Café, tengo algunas ideas más en marcha, y puedo ayudarle.

Hablemos…después de que lea Built to Sell Le mostraré cómo implementarlo para su situación.

Si hace estas cosas, le pueden tomar unos años, por consiguiente, llegará a un punto en el que la gente verá el valor de su negocio. Es entonces cuando necesita empezar a pensar en algo…

¿Cuál es su número?

Lo que quiero decir es, ¿cuál es el número, su cifra en dólares, que aceptaría si alguien se ofreciera a comprar su negocio?

¿Cuánto le costaría alejarse de su "bebé", el negocio en el que puso su corazón y su alma? ¿El negocio que construyó hasta un nivel significativo? *Ese* es el número al que deberías apuntar y al que debería estar atado.

(Para uno de mis negocios, el Café Writer, mi número es de 1,5 millones de dólares. Calculo que me dará un poco más de un millón después de impuestos y gastos de reserva para tiempos difíciles. Tengo otros negocios en los que estoy trabajando ahora que luego los haré a tiempo completo).

Sea cual sea su número, trabaje al revés. Cada negocio es diferente, pero para algunos negocios de servicios, la valoración se estima en tres veces y medio, los ingresos anuales. (Businesstown.com tiene algunos buenos artículos sobre la valoración de un negocio con más detalle). Así que, en mi ejemplo, para que mi negocio valga 1,5 millones de dólares, necesitaría tener unos ingresos anuales de 428.571 dólares. Suena un poco más factible cuando se desglosa: 35.714 dólares al mes o 8.241 dólares a la semana.

Esta es otra gran diferencia con el típico modelo independiente. Conozco a redactores que ganan entre 200.000 y 300.000 dólares al año, pero se basan totalmente en su talento creativo y su capacidad intelectual. Todo depende de que escriban textos de primera calidad para clientes importantes. Si se detienen, podrían percibir entre 50.000 y 100.000 dólares en derechos de autor durante un año o dos, pero muy pronto el oleoducto se seca. **Ese no es un negocio.** Es ser un asesino a sueldo bien pagado. La mayoría de la gente piensa en trabajar por cuenta propia en términos de ese modelo.

¡Piense diferente!

Averigüe cómo puede implementar sistemas de comercialización (que cambien todo el tiempo y en los que puede mantenerse al día estando en mi lista de correo electrónico), procesos, sistemas de ventas y marcas para el negocio que trascienda su Marca Personal.

Puede parecer un consejo conflictivo, pero no lo es. Al principio, como autónomo, a menudo necesita desarrollar la fortaleza de sus habilidades personales y su Marca Personal. Sin embargo, si va a establecer un negocio y construir algo que pueda *vender,* debe alejarse de la ecuación. Sacarse a sí mismo de ella y reemplazarla con procesos meticulosos y bien pensados para cada paso de su negocio.

Mírelo de esta manera—pretenda que de hecho va a *franquiciar* su negocio. Documente todo de la manera que, por así decirlo, un centro de impresión y envío de FedEx Office, documentaría todos sus procesos para los franquiciados. Cree un "manual del usuario" para alguien que se haga cargo de su negocio, porque en algún momento, ¡alguien lo hará! (Cuando su oferta coincida con su número.) Mientras tanto, ese manual de usuario le ayudará a mantenerse muy bien organizado, eficiente y productivo.

¿Está empezando a ver las posibilidades?

Esto va mucho *más allá* de ser un profesional independiente. Quiero que piense realmente en grande. Y voy a dar un paso atrás en el próximo Capitulo, alejarme del lado pragmático de los negocios y ponerme un poco filosófico.

Tal vez es el efecto de diez semanas de permanecer solo en cafeterías de Quito, Ecuador, escribiendo este libro. Me ha dado tiempo para reflexionar sobre los negocios, la familia, los amigos y **mi propósito en la vida**. He tenido mucho espacio para pensar en por qué hago lo que hago, el impacto que quiero tener en los demás, y lo que quiero dejar detrás cuando deje este mundo.

Capítulo 16: Deje un legado

No hay nada como pasar un tiempo prolongado solo. Me encanta.

Quizá sea cosa de escritores.

Sí, me siento un poco como Hemingway, pasando el rato en los cafés, pensando, escribiendo. Sin embargo, a diferencia de Hemingway, mi bebida preferida es el café, no el alcohol.

Creo que necesitamos alejarnos de todo para pensar con claridad, generar grandes ideas, y estructurarlas de manera ordenada para que la gente las entienda y se beneficie de ellas. La mejor manera, ¿en mi opinión? ¡Escribir un libro! Respuesta obvia viniendo de un autor, ¿verdad? (Nota al margen: esperen mi próximo libro, *The Solo Sabbatical,: Cómo mejorar su salud, su riqueza y las relaciones alejándose de todo*).

Sin embargo, no tiene que estar escribiendo un libro para beneficiarse de un tiempo a solas.

Si está construyendo un negocio de cualquier índole, le recomiendo encarecidamente que tome un sabático en solitario cada año. Puede trabajar en su negocio, trazar algunos planes, fijar algunas metas, generar grandes ideas, y lo más importante, considerar cuál es su propósito más profundo.

¿Qué quiere lograr? ¿Por qué? ¿A quién ayudará? ¿Cómo? ¿Durará?

En otras palabras, si muriera el año que viene, ¿la gente seguiría apostando por usted? Dentro de dos años, ¿se acordarán de usted? Lo sé, es un poco morboso pensar en ello, y tal vez con un pensamiento más profundo de lo que quiere lograr.

Pienso en estas cosas, especialmente cuando estoy solo.

Afortunadamente, mi esposa, Emida, me consiente. Soy bendecido. Durante mi tiempo al sur de la línea ecuatorial, ella cuidó de nuestros tres hijos que aún estaban en la escuela secundaria en ese entonces, (el mayor ya estaba en la universidad en la ciudad de Nueva York), ella se encargó de mantener el fuerte sin mí. Aunque echaba de menos a Emida y a los niños, preferí disfrutar del tiempo a solas y aprovecharlo al máximo. Sí, soy raro.

No recomendaría necesariamente un viaje en solitario de 10 semanas como el que hice en Quito, Ecuador, para escribir mi primer libro. Eso es un poco extremo para la mayoría de la gente que no es soltera, no obstante, es bueno para la relación. Se lo digo yo.

Si puede, tómese un largo fin de semana solo, podría ir a una cabaña en el bosque. Usted puede alejarse, hacer una profunda reflexión y dar los primeros pasos para dejar un legado.

¿Qué quiero decir con dejar un legado, y por qué es importante?

¿No se puede hacer una gran cantidad de dinero, prestar un servicio valioso, cobrar en algún momento y encontrar una playa en Costa Rica para ausentarse unos días? Claro que sí, no hay nada malo en ello.

¿Pero no sería mucho más significativo saber que lo que usted está haciendo tiene un propósito mayor? ¿Que las generaciones futuras de alguna manera se verán beneficiadas por el trabajo que hoy está realizando? ¿Que usted hizo una diferencia en el mundo?

¿Estoy siendo grandioso y tal vez un poco sentimental como resultado de pasar demasiado tiempo a solas con mis propios pensamientos? No lo creo. Espero que no.

Un par de ilustraciones le ayudarán a entender de lo que estoy hablando, y podrían ayudar a instigar algunas ideas para usted.

Es usted un _____ (diseñador gráfico, redactor, fotógrafo—llene el espacio en blanco). ¿Por qué hace lo que hace?

Bueno, soy escritor. Escribo porque tengo ideas que quiero sacar al mundo. Ideas que van a durar más que yo, y no flotar en el éter o "la nube".

¿Cree usted que un aspirante a fundador de un negocio dentro de 50 años va a encontrar un ebook mío en línea y se sentirá impulsado a adoptar un nuevo enfoque?

Lo dudo.

¿O ver uno de mis videos de YouTube y hacer un cambio en su vida?

Es muy poco probable. "Ebook" y "YouTube" serán tan desconocidos dentro de una o dos generaciones como lo son las cintas de 45 y 8 pistas para la generación actual, e igualmente inaccesibles.

¿Pero los libros? ¿Libros impresos maravillosos, gloriosos? Creo que estarán aquí hasta el final de los tiempos.

Los libros impresos son el formato que he elegido para llevar al mundo ideas duraderas.

Claro, usaré todas las herramientas técnicas disponibles para mejorar mi mensaje. Sin duda alguna.

Pero las ideas son lo que quiero que duren. **Las ideas que dejamos detrás son nuestro legado.**

1. Yo creo que las ideas y el efecto de la venta de esas ideas impulsan el motor económico del mundo.

2. Yo creo que si vivimos en un país capitalista de libre mercado que fomenta el espíritu empresarial (como en los Estados

Unidos seguimos haciéndolo, más que la mayoría de países), y si somos razonablemente inteligentes y trabajadores, tenemos la *obligación* de convertirnos en miembros aún más productivos de la sociedad llevando esas ideas al mercado.

3. Yo creo que entre más personas adopten esta filosofía de espíritu empresarial, más crecerá nuestra economía.

4. Yo creo que una marea alta levanta todos los barcos.

5. Yo creo que se me ha dado el don de desarrollar ideas y poder venderlas.

6. Yo creo que puedo ayudar a otros a desarrollar esas habilidades, también, y tengo la intención de hacerlo.

7. Yo creo que ser dueño de un negocio exitoso puede llevar a un increíble estilo de vida de libertad, riqueza y aventura.

8. Yo creo, además, que una vida exitosa en los negocios llevará a una mejor salud y a mejores relaciones.

9. Yo creo que cuando todas estas cosas ocurren, hay un efecto dominó que se extenderá por todo el mundo, tocando a millones de personas.

10. Yo creo que impactar a millones de personas comienza con una gran idea, escrita en un libro que influye en una persona para que actúe.

11. Yo creo que este libro lo hará, y creo que hay una razón para que lo esté leyendo. (Sabía que habría 11 declaraciones de "creo", ¿verdad?)

Mi propósito original cuando empecé a escribir en el Café Writer en 2012 fue ayudar a 1.000 personas a construir un negocio exitoso usando sus habilidades de escritura.

¿Ahora? **Quiero que experimente una vida abundante como yo**. Hablo muy en serio cuando digo que quiero llegar a millones con mi mensaje del lado brillante del trabajo independiente.

¿Qué es lo que usted cree?

¿Lo llevará al siguiente nivel, lo escribirá en algún formato y lo sacará al mundo?

Eso espero, y me encantaría ayudar. Ese es uno de los legados que me gustaría dejar.

Al hacerlo, también pretendo influir en mis hijos que tienen (23, 20, 19 y 16 años a la navidad de 2019) para que adopten esa mentalidad emprendedora. Quiero que usen sus talentos y sus dones para beneficiar al mundo, de esa manera honrar a quien les dio esos regalos, y como resultado que disfruten de las recompensas financieras. Están bien encaminados.

Si Dios quiere, espero vivir lo suficiente para tener la misma influencia en mis nietos. Eso es un legado.

¿Y qué hay de usted?

¿Ha pensado usted más allá de su próximo cliente o proyecto? No siempre es fácil cuando está atascado en la locura del márquetin, atrapado en el enigma del flujo de caja, y preguntándose qué camino tomar a continuación.

De un paso atrás de forma regular. Tómese un sabático en solitario durante un fin de semana o un viaje prolongado al extranjero, y piense en estas ideas.

Cuando descubra lo que quiere que sea su legado, las piezas del rompecabezas comenzarán a juntarse. Y cuando tenga un propósito y un plan más grande que el suyo, otros se darán cuenta y lo seguirán.

Déjenme darle un par ejemplos rápidos de otros quienes están pensando más allá del aquí y ahora, ellos ya están trabajando en dejar un legado.

Mi amiga, Brandy Booth, escribió un libro llamado *Unsocial Media Management for Business: (Gestión de medios no sociales para empresas): La guía "Como" para administrar el escenario en línea e impulsar su balance final.* Es un gran libro diseñado para enseñar a la gente a convertir situaciones negativas en experiencias positivas (y rentables).

Él pudo haberlo dejado así, pero yo le pregunté a Brandy cuál era su mayor propósito. "El legado que me gustaría dejar es ayudar a crear un mundo en el que la gente se centre en intereses comunes", dijo. "En vez de pelear, discutir y enfocarnos negativamente unos a otros, quiero que nos centremos en el gran cuadro colectivo. Estamos todos juntos en esto tratando de resolver los problemas del mundo."

Vaya. Un poco más imponente que "Escribí un libro y quiero vender un montón de ellos", ¿eh? Brandy tiene un propósito significativo y un gran "por qué" lo cual impulsa todo lo que hace. No tengo dudas de que escucharemos su nombre en los próximos años. ¿Tal vez Brandy podría negociar un acuerdo de paz en el Medio Oriente?

Otra amiga mía, Sharon Olson, escribió un libro titulado *Living Your Legacy (Deje Su Legado): cambie su historia, impacte al mundo y conviértase en un líder Visionario.* ¡Mientras que yo escribí un capítulo sobre este tema, ella escribió un libro completo!

Sharon es una de esas personas raras que miran al mundo y se preguntan: "¿Cómo voy a dejar mi huella?" En su caso, a través de su libro, a través del asesoramiento, y por la forma en que vive su vida, su legado es ayudar a otras personas a dejar su huella. Ya lo ha hecho con su familia y sus clientes, ahora tiene sueños más grandes como reunirse con líderes y personajes mundiales. No como una admiradora de celebridades, sino como alguien que puede ayudarles a vivir su legado también. Imagine a alguien como Sharon cumpliendo con su misión de ayudar a otras personas influyentes en la sociedad. El efecto dominó sería asombroso.

No me impresionan mucho los libros de negocios y de superación personal que abundan por doquier, pero si me sorprendieron estos dos libros. Léalos cuando tenga la oportunidad.

Muy rápidamente, los dos últimos pensamientos.

El negocio de Café Writer y sus resultados son solamente una de las formas con las cuales espero dejar un legado.

Además de ayudar a autónomos como usted a desarrollar un negocio rentable, me apasionan otras dos cosas en la vida, aparte de mi fe y mi esposa. (Su primer nombre, por cierto, *es* Faith (Fe). Ella usa su segundo nombre, Emida).

Otra de mis ideas de negocios, sobre la que usted leerá pronto, implica el noble objetivo de ayudar a las parejas a permanecer felizmente casadas de por vida. Mi objetivo es ayudar a un millón de parejas a evitar el divorcio. Yo mismo lo he experimentado y conozco a demasiadas personas que han pasado por el dolor del divorcio.

¿Puede imaginar el efecto dominó de un millón de parejas que podrían haber terminado en divorcio, tomando la decisión de mantener el romance y el amor vivos y permanecer juntos de por vida? Creo que esto podría impactar en las familias para las generaciones venideras.

Otra de mis pasiones que usted probablemente haya percibido de mí, es viajar. Desde que recorrí toda Europa de mochilero durante tres meses cuando tenía 22 años, con los ojos llenos de curiosidad, he tenido el ferviente deseo de viajar por el mundo.

Creo que cuando experimentamos otras culturas, no solo como turistas, marcando cosas de nuestra "lista de deseos" (un término que realmente no me gusta), sino también como *viajeros* curiosos, de mente abierta, dispuestos a adoptar y asimilar donde quiera que estemos, listos a involucrarnos y comprender a las personas donde sea que vayamos, seamos más agradecidos y menos exigentes. Seamos más empáticos, más solidarios, más generosos y más ciudadanos de este nuestro hermoso planeta.

Sí, creo que viajar puede hacer todo eso.

En resumen, **cuanto más viajamos, más *vivos* y más *humanos* nos volvemos.**

¿Imagine si todos trabajáramos por ese ideal? Qué mundo tan maravilloso seria o podría ser. Con un par de negocios de viajes, incluyendo mi negocio de excursiones a Ecuador, espero hacer mella en esto también.

Quiero dejar un legado de miles de empresarios exitosos, millones de matrimonios recuperados y salvados, quizás decenas de millones de ciudadanos del mundo que se preocupan profundamente por sus semejantes.

¿Ambición noble? Absolutamente. ¿Por qué no?

Esta es otra idea por la cual creo en el adagio "Hazlo a lo grande o vete a casa".

Es posible que esté pensando, "Yo solo estoy tratando de sacar adelante este negocio como autónomo. Todo lo que quiero hacer es ganarme la vida dignamente, mantener a mi familia y a mí, y algún día tener lo suficiente para retirarme y relajarme. ¿Realmente necesito dejar un legado?

No, no es necesario.

Sin embargo, puedo decirle esto. Desde que adopté esta gran idea final, la número 11, mi vida ha tomado un nuevo significado y propósito. Las puertas de la oportunidad se han ido abriendo a diestra y siniestra. Financieramente y, de cualquier manera, la abundancia está empezando a fluir. Creo que también lo hará para usted. **Deje un legado.**

Capítulo 17: Por qué estoy enterrando al "profesional independiente" por completo

¡Felicitaciones!

Usted ha superado los 16 capítulos, incluida una parte completa del lado oscuro.

Todavía está aquí, así que supongo que mis pequeñas charlas y opiniones fuertes no le han molestado demasiado. (A veces escucho a los que se ofenden. Ellos permanecen en el mismo sitio.)

A lo largo del camino hasta ahora, espero que haya adquirido unos sólidos principios básicos para construir un exitoso negocio independiente. Le he dado 11 Grandes Ideas para superar el lado oscuro del trabajo independiente. (¡El lado brillante!)

He tenido una experiencia increíble dirigiendo mi propio negocio. Desde el punto de vista económico, las perspectivas de los autónomos van a mejorar enormemente…SI hace las cosas de forma diferente a la mayoría.

Use este libro como un punto de referencia continuo para asegurarse de que lo hace. Como mencioné al principio, márquelo, escríbalo, resáltelo, deje que destellen sus propias ideas, y anote las acciones y objetivos que pretende alcanzar.

Hasta este punto del libro, he usado los términos "independiente", "independiente" o "autónomo" 93 veces.

Ahora es el momento de enterrar al "profesional independiente" por completo.

¡Por la presente declaro la muerte del "profesional independiente "y todas sus formas, incluyendo" independiente " y "autónomo "! Como Kevin O'Leary, "Sr.

Maravilloso" en el tanque de tiburones siempre le gusta decir, "Estás muerto para mí".

"El profesional independiente" y todas sus formas, ¡está muerto para mí!

No usaré más este término, excepto para referirme a mi libro, lo cual es un poco irónico, supongo.

Hace tiempo que desprecio el término " profesional independiente", pero tenía miedo de expresar mis sentimientos públicamente. Después de todo, es una palabra ampliamente aceptada. ¿Quién era yo para enfrentarme a un elemento básico estándar en el mundo de los negocios, a una gran parte de la lengua vernácula, y al tema de innumerables libros, blogs, y a muchos escritos de gente que respeto mucho?

Bueno, olvídese de todo eso. Terminé con el "profesional independiente" por completo. Está enterrado. Fuera de la vista, fuera de la mente.

No tienes que subirse al vagón de los anti autónomos conmigo. Yo gustosamente lideraré este desfile de alguno de ellos, pero permítame decirle las **11 razones por las cuales estoy enterrando a los "profesionales independientes" por completo:**

1. Está sobre utilizado.

Si el 40% de la fuerza de trabajo va a ser de algún tipo de autónomo en un futuro cercano, yo sí creo en las estadísticas, ¿realmente quiere estar rodeado del 40% de la gente?

¿Cómo se puede describir a toda esa gente con una sola palabra?

2. Es la antítesis de construir un negocio.

Hemos hablado de esto...hasta la muerte.

3. Esto implica "sin estructura, sin organización."

No quiero que me asocien con una estructura de negocios suelta. Eso contrasta con alguien que tiene un negocio de renombre, una estructura de negocio apropiada (una LLC, una corporación C o una corporación S), y que opera de acuerdo a los principios que he establecido aquí.

4. "En profesional independiente" incluye la palabra "independiente".

Estoy siendo un poco irónico en esta parte, pero realmente no me gusta la asociación mental inconsciente que un prospecto podría tener.

El cliente podría estar pensando: "¿Trabajará gratis el Sr. Independiente a cambio de alguna "exposición" o promesa de un futuro trabajo? Déjeme intentarlo".

Tal vez sea un poco exagerado, pero no me gusta la forma en que suena "independiente".

5. "El profesional independiente" no es necesario.

¿De verdad se va a referir a usted mismo como independiente? ¿Independiente qué? ¿Diseñador Gráfico independiente? ¿Redactor independiente? ¿Fotógrafo independiente? ¿Escritor de viajes independiente? ¿Qué tal simplemente decir diseñador gráfico, redactor publicitario o escritor de viajes? Suena mucho mejor sin "independiente" después de él. Los consejeros de vida y los asesores de negocios nunca se llaman a sí mismos consejeros de vida independientes o asesores de negocios independientes. Siga su ejemplo. ¡Llamase a si mismo lo que es! Cualquier cosa menos "independiente".

6. "Profesional independiente" no es una palabra poderosa.

Es inherentemente débil. Es como lo que dice cuando no está completamente seguro de lo que hace y a dónde va. "¿Qué está haciendo estos días, Lisa?" "Oh, ya sabes, un poco de trabajo independiente."

¿Típica reacción a aquello? "Oh".

7. "Profesional independiente" es impreciso.

No dice mucho. Lo único que me dice es: "Ando de trabajo en trabajo y todavía no he encontrado mi lugar".

8. "El profesional independiente" dice: "Puede pagarme menos"

Se lo digo desde la perspectiva de alguien que contrata profesionales independientes. No me importa si se llaman a sí mismos, pero cuando alguien lo hace, mi primer pensamiento es: "No se pone al mismo nivel que el dueño de un negocio. Probablemente no tiene un sistema de márquetin con el cual lo reserven con meses de anticipación y probablemente tenga pocos o ningún gasto, así que no necesito pagarle tanto".

Les he preguntado a otras personas que contratan independientes cuál es su impresión de la palabra. He recibido una respuesta mixta y no todos se sienten como yo. Es sólo otro factor que hay que tomar en cuenta. "Independiente" puede ser una señal silenciosa que dice: "Puede pagarme menos".

9. "El profesional independiente" es ambiguo.

Pregunte a diez personas qué significa la palabra independiente y obtendrá diez respuestas diferentes. En la redacción y en la marca personal, me gusta la especificación. "Independiente" no es específico.

10. "Profesional Independiente" es una palabra holgazana por defecto.

Dice así: "No fui lo suficientemente creativo para pensar en algo mejor". Usted es un empresario, un dueño de negocios. Probablemente, por lo demás, es una persona muy creativa. ¡Demuéstrelo proponiendo algo mejor que "independiente"!

Si no hay nada más, elimínelo de la portada de su título. Como dije antes, simplemente use "redactor publicitario", "diseñador gráfico" o lo que sea usted sea.

11. "Ser independiente" es insignificante.

Ha pasado por 17 capítulos de este libro. No le conozco, pero tengo la fuerte sensación de que usted no es ordinario. No sigue a la manada. Tiene grandes ambiciones de usar sus talentos y dones para hacer la diferencia, y para hacer mucho dinero.

¡Usted es grande! "Independiente" es insignificante. Déjelo para otros que no tienen el impulso, la determinación y la creatividad que usted tiene.

He terminado para siempre con "independiente".

¿Mis términos preferidos? "Propietario de negocio", "contratista", "empresario" o simplemente lo que usted sea.

Ni siquiera vamos a decir "Descansa en paz" (D.E.P.) porque no espero mucho del término.

"Hasta nunca". ¿Cómo es eso? Está bien, creo que le he golpeado a aquel…hasta la muerte.

A continuación…

Parte III: Su futuro abundante

En la parte I, pasamos por el lado oscuro. Le mostré la realidad de dirigir su propio negocio.

Hablé de las 11 cosas de las que nadie quiere hablar. Disipé las vacas sagradas que nadie más cuestiona. Pinté una imagen clara (y sí, oscura también) de aquello en lo que usted se está metiendo y de lo que le espera.

En la parte II, presenté el lado brillante. Once grandes ideas para superar el lado oscuro del trabajo independiente. Lo cerramos con un funeral para un amigo.

La parte III se pone aún mejor. *Abrazar* y *actuar sobre* las 11 Grandes Ideas: Piense antes de la curva. Conviértase en un generador de ideas. Manténgase fuera del radar. Cree (y promueva) una marca memorable. Reclame su lugar. Hágase bueno en algunas habilidades fundamentales. Desarrolle su propio caparazón. Diga "sí" a las oportunidades. Convierta sus grandes ideas y sus habilidades de redacción en un negocio rentable. Escale su negocio. Deje un legado.

Ahora…es hora de crear un futuro abundante.

Capítulo 18: Lleve su negocio al nivel 11

Si nunca ha visto la escena de la película de 1984, *This is Spinal Tap*, busque "nivel 11" en YouTube y la encontrará.

La película está etiquetada como un "documental satírico" de música rock, y retrata a la ficticia banda británica de heavy metal Spinal Tap. Está protagonizada por Rob Reiner, quien también dirigió, musicalizó y escribió la película. Reiner interpreta a Marti DeBergi, el creador del documental satírico.

En esta escena clásica, Marti y el miembro de la banda Nigel Tufnel, interpretado por Christopher Guest, habla del amplificador de Nigel. Tiene una perilla de volumen que sube a once, en lugar de los diez habituales, lo que implica que han llevado las cosas a un nivel más alto.

Nigel: "Todos los números llegan al once. Mira, en todo el tablero, once, once, once y…"

Marti: "Oh, ya veo. ¿Y la mayoría de los amplificadores suben hasta diez?"

Nigel: "Exactamente".

Marti: "¿Eso significa que es más fuerte? ¿Es más fuerte?"

Nigel: "Bueno, es un poco más fuerte, ¿no? No son diez. Tú sabes, la mayoría de los tipos, ya sabes, tocarán en diez. Estás en el diez aquí, todo el trayecto, todo el trayecto, todo el trayecto, estás en diez en tu guitarra. ¿A dónde puedes ir desde allí? ¿Adónde?"

Marti: "No lo sé".

Nigel: "A ninguna parte. Exactamente. Lo que hacemos es, si necesitamos ese empujón extra sobre el acantilado, ¿sabes lo que hacemos?"

Martí: "Colocarlo en el once".

Nigel: "Once". Exactamente. Uno más alto".

Martí: "¿Por qué no haces que diez sea más alto y que diez sea el número superior, pero hacer que sea un poco más alto?"

Nigel: (pausa) "Estos van a once."

Un breve receso de dos minutos de video:

bit.ly/SpinalTapLevel11

Clásico. Las frases "hasta once" o "estos van a once" se han convertido en parte del léxico general como resultado de esta película, e incluso entraron en el *inglés abreviado del diccionario Oxford* en 2002.

El mismo año la biblioteca del congreso consideró que *This is Spinal Tap* era "cultural, histórica o estéticamente significativo" y el Registro Nacional de Cine de EE.UU. lo seleccionó para su preservación.

¡Así que ya sabe el trasfondo de mi tema del "11" a lo largo de este libro! Ja.

¿Cómo se relaciona esto con usted y su negocio?

Bueno, todos los demás juegan en un terreno de juego diferente:

"En una escala del uno al diez, ¿Cuál sería su calificación?" "Su negocio multiplicado por 10". (Otra expresión que no me gusta.) "Él es un 10". Ella es un 10." (¿Podemos culpar a Bo Derek por todo este asunto del "10" en todas partes?)

¡Olvídelo!

No siga las reglas. Evite el estatus quo. Piense antes de la curva. Deje que otros jueguen el juego 1-10.

Lleve su negocio al nivel 11

Quiero que el "11" sea para usted un continuo recordatorio para que dirija su negocio de una manera diferente.

A lo largo de este libro, le he dado cientos de ideas prácticas para desarrollar su negocio.

Llevar su negocio al nivel 11 es más bien un capítulo de mentalidad.

Quiero que se haga a la idea de que el éxito, el gran éxito, puede ser suyo.

Hemos colocado los cimientos pragmáticos. Ahora es el momento de establecer los cimientos mentales adecuados para crear el futuro abundante.

Algunas de estas cosas las he mencionado en varios puntos del libro. Aquellos no son elementos de acción. No puede activar un interruptor mental y cambiar su actitud sobre el dinero, la riqueza y la creación de un negocio de Nivel 11 de la noche a la mañana.

Puede que no todos coincidan con usted. Algunos de ellos podrían hacerlo enfadar.

Espero que lo hagan.

Quiero agitar su mentalidad de riqueza. Así como matamos algunas vacas sagradas de los negocios en el capítulo cuatro, quiero que usted cuestione las actitudes comunes y convencionales sobre el éxito en los negocios.

Este es un proceso, y si usted es como yo, ha entrado en él con un bagaje y unos prejuicios que no le servirán de nada.

Aquí hay 11 bloques de construcción mental para establecer un negocio de nivel 11. (Sabía que habría 11, ¿verdad?)

1. Haga borrón y cuenta nueva.

Venga de donde venga, sea cual sea su experiencia, independientemente de los éxitos y fracasos pasados, limpie su pizarra mental. Su pasado no lo define.

Desarrolle una memoria selectiva. Tengo recuerdos muy confusos de un tramo de diez años de mi vida. No es que fueran tan malos, simplemente elijo no vivir en el pasado, personal o empresarial.

¿Fue usted criado en un hogar de clase baja? ¿Y qué? A nadie le importa. ¿Los valores de la clase media y la ética del trabajo le enseñaron a tener un desdén por la gente rica? Será mejor que lo supere o nunca se hará rico. Haga borrón y cuenta nueva cuando se embarque en la construcción de un negocio.

2. Tome la decisión de alcanzar el nivel 11.

Algunas personas realmente no quieren ser súper exitosas. Se contentan con ser promedio. Se requiere casi el mismo esfuerzo en los negocios sólo para hacerlo y ser promedio. ¿Por qué no dar un poco más y elevarse por encima de la competencia?

3. No le dé importancia al tiempo libre.

Nunca entendí la mentalidad de "trabajar para el fin de semana" (y ahora no puedo quitarme de la cabeza la melodía de Loverboy "Trabajar para el fin de semana").

Me pongo realmente ansioso con demasiado tiempo libre. En 2010, llevé a mi familia a Florida para las vacaciones de primavera. Los niños ya eran viajeros del mundo, pero nunca antes habían estado en el océano.

Fue divertido, pero después del primer día me dije: "¿Y ahora qué?" Estaba aburrido y no podía relajarme.

Lo mismo ocurre con los eventos deportivos. Me encantaba sobremanera ver el béisbol y el fútbol. Todavía voy a uno o dos partidos de béisbol al año, normalmente con mi padre, aquello siempre me trae grandes recuerdos de mi juventud. Pero no creo haber visto un partido entero en la televisión en años, ni siquiera el Super Bowl o un partido de la serie mundial. Me desespera excesivamente el tiempo libre. Tengo que estar haciendo algo.

¿Y el golf? De nuevo, un gran deporte. Solía jugar un poco y todavía veo el final de los grandes torneos. ¿Pero pasar tres horas mirando o jugando una ronda? Me volvería loco. El tiempo libre está sobrevalorado.

4. Adopte un punto de vista contrario al trabajo.

Mi buen amigo, Ed Estlow siempre dice, "Quiero vivir mi vida para que no sepa si estoy trabajando o jugando". Me gusta eso. ¿Por qué no puede ser divertido el *trabajo*? El trabajo es mi tiempo de ocio.

Para mí, escribir un libro es divertido y eso es parte de mi trabajo. Añadir un mensaje de correo electrónico todos los días a mi lista es divertido, y eso es trabajo.

La mayoría de la gente asocia el trabajo con el sufrimiento.

Si está haciendo algo que no le gusta, supongo que sí. (Y si ese su caso, usted está leyendo el libro correcto.)

Cuando era pequeño, recuerdo que mis dos abuelos me decían: "No trabajes nunca en una fábrica". Uno de ellos trabajaba para la Compañía Kohler. El otro trabajaba para Bolens, fabricando cortadoras de césped. Buenos trabajos, ellos proveían lo suficiente a sus familias. Pero el trabajo no debería ser tedioso, aburrido o rutinario.

¡Aprenda a *amar* el trabajo!

5. Desarrolle un sentido agudo de discernimiento.

¿Qué quiero decir con esto?

Conviértase en un buen juez de las oportunidades comerciales y de las personas involucradas en ellas.

Cuanto más alto ascienda en los negocios, más personas comenzarán a acercarse a usted con oportunidades. Si el trato parece ser mejor para ellos que para usted, aléjese. Si no encuentra un buen sentido común inmediato para cualquiera, aléjese. Si la oportunidad parece demasiado buena para ser verdad, probablemente lo sea. Si la persona parece demasiado hábil, proceda con cautela.

Esto puede ser o no un cambio de mentalidad para usted. Si confía naturalmente y busca lo bueno en las personas y en los negocios, no estoy diciendo que se convierta en un cínico, sino más bien haga un cambio. Tome en cuenta *que* tiene mucho que ofrecer. No se subestime simplemente porque esté ansioso de involucrarse con un cliente potencial, socio comercial o afiliado. Asegúrese de que el trato sea tan bueno para usted como para ellos.

6. Evite a los que odian la riqueza.

Es una epidemia. La difamación de los ricos ha penetrado todos los aspectos de nuestra sociedad.

Lo ve en todas partes. Políticos, la gente de los noticieros, amigos de Facebook, TV, películas, en todas partes. Si lo busca y lo escucha, se dará cuenta de que la difamación de los ricos ha alcanzado proporciones epidémicas. **Es absolutamente tóxico.**

Si alguna vez piensa o pronuncia estas palabras, ya ha sido víctima:

"Los ricos se hacen más ricos. Los pobres se vuelven más pobres". "Los ricos no pagan sus impuestos honestamente". Las expresiones "asquerosamente rico", "apestosamente rico" u "obscenamente rico".

¿Cómo es posible que se haga rico si tiene estas actitudes sobre la gente rica? ¿Qué, se va a convertir en uno de los ricos codiciosos y malvados?

Es *imposible* lograr una riqueza duradera si vilipendia a los ricos. No lo haga.

Vaya un paso más allá. Evite a todos los que odian la riqueza. Su mentalidad y sus actitudes son tóxicas. En vez de eso...

7. Estudie y aprenda de la gente rica.

¡Eh, una idea! ¿Qué tal si en vez de odiar a los ricos, *conoce a algunos de ellos* y descubre lo que hicieron para hacerse ricos?

Busque a gente que haya construido negocios exitosos. Invítelos a almorzar y pregúnteles cómo lo hicieron. Pídales consejo. Averigüe qué tuvieron que superar para llegar a donde están, y cómo lo lograron.

8. Comience por decir "¿Por qué no?" en lugar de "No creo que funcione."

Pensamiento de posibilidad.

Mire, no estoy tratando de ponerme en plan Oprah con usted. No soy fan de El Secreto o la ley de atracción o algo de eso. No estoy sugiriendo en absoluto que pueda atraer la riqueza con su mentalidad o actitud.

Yo creo en el trabajo duro a la antigua, en los sistemas de negocios, en las habilidades de venta y en una ley por encima de todas las demás: la ley de la oferta y la demanda.

Estoy hablando de algo muy básico. Se ve gente de éxito en todas partes. ¿Por qué no *usted?*

No es cuestión de suerte, estar en el lugar correcto en el momento correcto, heredar dinero, o caer en él de alguna manera.

En la mayoría de los casos, las personas ricas lograron ese objetivo mediante el trabajo duro, las grandes ideas, la satisfacción de una demanda en el mercado y la perseverancia. Si ellos lo hicieron, ¿por qué no usted? Descubra cómo lo hicieron.

Uno de mis programas de televisión favoritos es Shark Tank. Es una prueba de que las buenas ideas y el espíritu emprendedor pueden triunfar. Hay gente rica en todas partes. Pregúntese: "¿Por qué no yo?"

9. Mantenga una mente clara y brillante.

Esto se relaciona con el punto número tres. La misma mentalidad de "trabajo para el fin de semana" parece conducir a la mentalidad de "necesito un trago". Ha puesto a prueba su cerebro todo el día en el trabajo y se merece un trago para adormecerlo.

¿Dónde empezó esto? ¿En los campus universitarios, tal vez? Los universitarios piensan que sus mentes están tan sobrecargadas que necesitan empezar el proceso de fiesta el jueves por la noche para darle un descanso.

Más aún, cuando regresan de un mes de vacaciones de invierno y tienen dos meses seguidos de clases, se merecen un *verdadero* descanso mental: ¡Receso de primavera!

Bien, me salí un poco por la tangente porque encuentro un tanto ridícula, toda la cultura de la bebida en los EE.UU. Elijo no hacerlo por muchas razones, pero no podría importarme menos si bebe o no.

Mi punto aquí es más general. Si va a tener éxito en los negocios y se va a hacer rico, haga lo mejor que pueda para evitar las actividades de ocio de la mayoría de la gente, que incluyen beber mucho los fines de semana.

Mantenga su mente alerta, especialmente por las noches y los fines de semana, cuando los demás no lo están. Es una ventaja competitiva (de la que hablaremos más adelante en el capítulo 19). Lea. Piense. Hable con personas inteligentes sobre cosas inteligentes, especialmente con personas ricas de cuyos cerebros usted puede aprender.

No estoy predicando aquí. Si le gusta beber después de una noche intensa, siga haciéndolo.

¿Mi bebida preferida? Creo que usted sabe. ¡Café! Más que el sabor o la cafeína, disfruto el ritual de moler a mano buenos granos y prepararlos en casa en mi olla Bialetti Moka, y disfruto pasar el rato en los cafés por el ambiente.

Benjamin Franklin dijo una vez: "La cerveza es una prueba de que Dios nos ama y quiere que seamos felices".

Yo digo: *"El café es una prueba de que Dios nos ama y quiere que seamos creativos y prolíficos".*

10. Valore su tiempo.

"Papá, ¿tienes amigos?"

Nunca olvidaré a mi hija, Zaria, preguntándome eso cuando tenía siete años. Fue alrededor de un año después de que empecé mi negocio de redacción a tiempo completo. (Solía decir que después de convertirme en un redactor *independiente* a tiempo completo. Esa palabra no es parte de mi vocabulario como ya sabe.)

A Zaria le pareció que no tenía amigos. Los tenía, indudablemente, pero trabajaba en casa (todavía lo hago) y casi nunca invitaba amigos a mi casa. ¿Qué hace la gente cuando se reúnen con sus amigos en sus hogares? Ver el fútbol, tomar cerveza y hablar del tiempo. Tres cosas para las que no tengo tiempo.

De hecho, disfruto recibir gente. A lo largo de los años, he tenido gente que se queda en nuestra casa durante días, semanas o meses seguidos, pero a diario, cuido mi tiempo. Usted también debería hacerlo si quiere tener éxito en los negocios.

No sea fácil de contactar. No conteste el teléfono. No de demasiado de sí mismo. Hablamos de estas cosas en el capítulo cinco.

Sabe que escribo mucho en los cafés. La cafetería Sow's Ear en Verona, Wisconsin, es mi segunda oficina. Voy a trabajar, no a charlar con la gente. Cuando amigos o conocidos me dicen: "Oye, deberíamos juntarnos para tomar un café", mi primer pensamiento es: "¿Para qué? ¿De qué vamos a hablar? ¿Hablaremos de negocios, razones personales o una pequeña charla ociosa?" No digo eso, por supuesto, pero si no es por negocios, lo más probable es que no tenga tiempo para eso.

Si planea ser rico, cuide su tiempo.

11. Sea como Carnegie.

Andrew Carnegie fue uno de los hombres más ricos que jamás haya existido (segundo después del rey Salomón y por delante de Bill Gates y Steve Jobs si se tiene en cuenta la inflación).

Una vez dijo: "Voy a pasar la primera mitad de mi vida ganando dinero y la segunda mitad de mi vida regalándolo". Y así lo hizo.

Carnegie nació en Dunfermline, Escocia, en 1835, y vino a los Estados Unidos en 1848 cuando su padre decidió hacer una vida mejor. Se establecieron en Allegheny, Pennsylvania, cerca de Pittsburgh, donde Andrew trabajaba en un molino de algodón por 1,20 dólares a la semana. Más tarde trabajó en una compañía de telégrafos, y luego en el ferrocarril de Pennsylvania.

A la edad de 30 años, Carnegie había acumulado intereses comerciales en las fábricas de hierro, máquinas a vapor, ferrocarriles y pozos de petróleo. A partir de ahí construyó la Carnegie

Steel Corporation la mayor empresa de fabricación de acero en el mundo.

Su carrera filantrópica comenzó alrededor de 1870, y la mayoría de la gente lo conoce por sus donaciones de edificios de bibliotecas públicas gratuitas en todo el mundo. Cuando se casó en 1887, hizo que su esposa firmara un acuerdo prenupcial, en el cual declaraba su intención de regalar la mayor parte de su fortuna durante su vida.

La corporación Carnegie de Nueva York, la fundación filantrópica que fundó en 1911, ha apoyado desde el descubrimiento de la insulina y el desmantelamiento de las armas nucleares, hasta la creación de Pell Grants y Calle Sésamo.

Su ensayo, "The Gospel of Wealth" (El evangelio de la riqueza), articuló su visión de los ricos como fideicomisarios de su riqueza que deben vivir sin extravagancias, proveer moderadamente a sus familias y usar sus riquezas para promover el bienestar general y la felicidad de los demás.

Si el hecho de llegar a ser rico, sigue siendo un desafío para usted, sea como Carnegie. Empiece a pensar en cómo regalar su riqueza.

Puede que piense: "No necesito un millón de dólares. Sólo quiero estar cómodo". (Noticia de última hora: ni siquiera un millón de dólares le va a durar los últimos 25 años de su vida.) O, "¿Para qué demonios necesitaría 10 o 50 millones de dólares?"

No lo sé. Tiene razón. Nadie *necesita* tanto dinero, pero alguien sí. A *cualquiera* organización sin fines de lucro que a usted le entusiasme, le *encantaría* tener unos, 10 o 50 millones de dólares.

Entonces, si todavía está luchando con el concepto de hacerse rico, tal vez sienta que no lo necesita, no lo *merece* o incluso que no podría conseguirlo, no se centre en usted mismo…

Haga una lista de las causas que le encantaría apoyar más si pudiera. Empiece a donarles ahora la cantidad que pueda hacerlo y siga aumentando la cifra a medida que su negocio crece.

En algún momento, hágalo oficial. **Regálelo.** Sea como Carnegie.

Capítulo 19: Supere a su competencia

La llamada telefónica me tomó por sorpresa. *"Soy Jane Steele (no es su nombre real) llamando desde Los Ángeles. ¿Estoy hablando con Steve? Nos gustaría revisar su solicitud".*

Solicitud, solicitud... por mi vida, no podía recordar a qué compañía en Los Ángeles había enviado una solicitud. Entonces algo que ella dijo me sorprendió: ¡Superviviente!

¡Sí! Un par de meses antes, alrededor de junio de 2001, había enviado un video y una solicitud para participar en el programa de televisión *Superviviente.*

Yo había sido un gran admirador desde que se estrenó el programa el año anterior, y todavía lo soy. Se le considera el líder de los programas de televisión real, debido a que el primer programa fue altamente sintonizado y muy rentable en la televisión abierta en los EE. UU. La temporada 39 de Superviviente se emitió en el otoño de 2019.

La premisa es genial, ¿verdad? Personas de diferentes orígenes se unen para trabajar entre sí y competir entre sí. Cada temporada se desarrolla en un lugar remoto, exótico y generalmente cálido, que es parte del atractivo para mí. (Iría a cualquiera de estos lugares, como Vanuatu o las Islas Cook, si pudiera ir solo y escribir mi próximo libro. ¿Con otras 15 personas durante 39 días? No).

Los competidores se dividen en dos equipos, y los equipos compiten entre sí en una serie de desafíos mentales y físicos. Pero dentro de cada equipo hay otra categoría de competencia.

Al final de cada episodio, el equipo perdedor tiene que expulsar a uno de sus miembros "fuera de la isla".

Por lo tanto, mientras tienen que trabajar juntos como un equipo para vencer al otro equipo, también deben dar lo mejor dentro de su grupo. Tienen que ser fuertes, inteligentes y agradables. Conviene ser buenos compañeros de equipo y excelentes independientemente. Se necesitan fuertes habilidades de liderazgo, sin ser intimidantes o dominantes.

Si nunca ha visto el programa, es muy interesante ver las maquinaciones psicológicas y las dinámicas de grupo. Se establecen alianzas, se gana y se pierde la confianza, se hacen y se rompen las promesas.

Algo así como en la vida real, de verdad.

El lema del programa es "Ser más listo, superar, sobrevivir", ¿y adivinen qué? En el mundo de los negocios, también tenemos que ser más listos, superarnos y sobrevivir a nuestra competencia.

No hemos pasado mucho tiempo hablando de competencia porque si hace todas estas cosas, no tendrá que preocuparse por eso. Como he dicho a menudo, cuanto más alto se asciende, menos competencia hay.

Aun así, tiene que reconocer a su competencia. Reconocerlos, y pensar en un plan para superarlos. O aplastarlos como a un insecto si usted es ultra competitivo.

¿Cómo se hace eso?

1. Manténgase atento en lo que hacen sus competidores.

Vigile a su competencia sin obsesionarse o preocuparse por ella.

2. Renueve según sea necesario.

Busque constantemente modificar su propio modelo de negocio. Los días de poner un sitio web, implementar un sistema de mercadeo, y sentarse a ver el dinero entrar a raudales ya pasaron. Las cosas se están moviendo y cambiando demasiado rápido en estos días.

Probablemente tengamos que volver a rehacer nuestros sitios web en tan solo 18 o 24 meses aproximadamente, incluso si todo lo demás va bien. De lo contrario, corremos el riesgo de lucir como si estuviéramos usando los estilos de ropa obsoletos del año pasado.

Con mucha más frecuencia, debemos realizar pequeños cambios y ajustes en nuestro modelo de negocio, jugando con lo que la competencia está o no está haciendo. De nuevo, sin obsesionarse. Es una línea muy fina.

¿Con menos frecuencia, con suerte? Un cambio de imagen completo o una reinvención.

(De hecho, si está cansado de rotar cada dos años, considere mi Café Back Room o Café Roundtable. Ayudo a los miembros a convertirse en expertos reconocidos en su pequeño rincón del mundo y a desarrollarlo de la manera correcta para que puedan aprovecharlo durante los próximos cinco a diez años o más).

En cualquier caso, sea consciente de la competencia y de lo que están haciendo bien. No los copie y no juegue a "seguir al seguidor", pero juegue *contra* ellos. *Supérelos*.

Además de observar lo que están haciendo bien...

3. Busque brechas.

¡Esta es la parte que me encanta de la competitividad (y por qué sigo pensando que me iría bien en *Supervivientes*)! Es fácil entrar en modo de "todos ya lo están logrando" y sentir que llega tarde a la mesa y no puede tener éxito porque hay mucha gente que lo está haciendo bien.

Pero aquí está el asunto. *Siempre* hay vacíos. Siempre hay algo que ellos no lo están haciendo tan bien como deberían. Algo con lo que sus clientes y consumidores no están completamente satisfechos.

Y ahí es donde *usted* entra.

Quítese su sombrero de marca personal por un minuto. Sáquese la gorra de construcción de negocios, la de márquetin y la de operaciones, y póngase la de *detective*. Conviértase en un súper sabueso espía en línea, cuya principal misión es averiguar exactamente lo que su competencia está haciendo correctamente. Más importante aún, descubrir dónde están fallando. Es bastante fácil de hacerlo en estos días. ¡Todo está ahí para una exploración completa del súper sabueso!

¿Dónde buscar? Las discusiones en línea son un buen lugar para empezar. O mire sus propios anuncios de Facebook (debería ver los comentarios, incluso en los anuncios más sólidos y efectivos de Facebook).

Busque "(el nombre del competidor) comentarios negativos" y obtendrá algunas cosas buenas. Inscríbase en sus listas. Métase en sus embudos, incluso hasta el punto de comprarles algo para ver realmente lo que están haciendo. Revise los grupos de Facebook. Pregunte por ahí. Explore.

El punto es que incluso los mejores negocios están perdiendo oportunidades en algún lugar.

Un ejemplo rápido. Cuando empecé el Café Writer, intuía que quería entrar en el negocio de organizar eventos en vivo de alguna manera. Sabía que aún no tenía el tamaño de la audiencia para llevar a cabo un gran evento, y no tenía el poder de las estrellas para atraer a los gurús a un evento de panel al estilo de las celebridades.

Pero descubrí una brecha en el mercado. Nadie organizaba pequeños eventos íntimos en un ambiente de retiro. Así que eso es lo que hice.

Desde 2013, he organizado 14 retiros con un promedio de 11 asistentes cada uno. Nos hemos reunido en lugares poco frecuentados como Minocqua, Wisconsin, Vergennes, Vermont, así como también, en lugares más turísticos tales como: Phoenix, Austin, Santa Fe y Chicago.

Todos han tenido éxito, y tengo un muro en línea de testimonios elogiosos para comprobarlo (ver BigIdeasRetreat.com).

Estos retiros incluyen un enfoque intenso y personalizado en el rediseño de su negocio, complementado con sesiones personalizadas de "asiento caliente", retroalimentación individual y grupal, y un sólido plan de actividades para tener todo reservado dentro de los tres primeros meses siguientes al evento.

Mis retiros llenan una brecha entre las grandes conferencias o seminarios de panelistas y los muy costosos eventos de mentes maestras dirigidos por gurús, ninguno de los cuales se compara con lo que estoy haciendo.

¿No está seguro de dónde están las brechas en su mercado? Le puedo ayudar. Soy muy bueno identificando lo que sus competidores se están perdiendo. Envíeme un mensaje a steve@cafewriter.com con "encontrar las brechas de mercado" en el campo de asunto y veré qué puedo hacer por usted.

El siguiente...

4. ¡No lo dude!

Ha hecho sus tareas. Su trabajo de detective ha dado sus frutos. Ha encontrado las aperturas. ¿Y ahora qué? ¡Salte sobre aquello!

Yo veo que demasiados autónomos se resisten en este punto. Por lo general, es la auto duda. "¿Es esto realmente una brecha? Tal vez no hay demanda, y hay una razón por la cual nadie lo hace." O "¿Quién soy yo para intervenir y llenar el vacío? ¿Qué sé yo? ¿Alguien va a escucharme?

¡Ignore esos sentimientos!

Obtenga una segunda y tercera opinión de algún asesor de confianza, (profesionales de su industria, no familiares y amigos) quienes no van a robar su idea. Si obtiene un pulgar hacia arriba o dos, adelante, hágalo.

Por último, si va a superar a su competencia, usted debe absolutamente...

5. Desarrolle un espíritu competitivo.

No en modo feroz, de ganar a toda costa, sino con una actitud amistosa como: "Yo me encargo. Soy muy bueno, nadie más está sirviendo a este campo, y lo voy a hacer."

Les puedo decir esto, de 31 años de estar en ventas directas y redacción de textos publicitarios: ¡Ganar es divertido! Encontrar una manera de hacer algo mejor que la competencia es extremadamente gratificante. Ayudar a las personas a lograr algo que de otro modo no podrían hacerlo, y recibir una buena compensación como resultado.

Las fortunas se hacen de esta manera. La suya también puede hacerla.

Le he dado cientos de buenos consejos en este libro, más allá de las 11 Grandes Ideas para sobresalir y prosperar en el mercado actual.

No obstante, si tuviera que reducir el éxito en el trabajo independiente a dos cosas, serían estas:

Aprenda a vender y a desarrollar un espíritu competitivo.

Los negocios son divertidos, y pueden ser extremadamente lucrativos cuando se aprende a vender bien y cuando se desarrolla un verdadero espíritu competitivo.

En las palabras del eslogan de *Sobreviviente:* Ser más listo, Superar, Sobrevivir.

Oh, ¿y mis planes de estar algún día en el programa de TV Sobreviviente? Descartado. Tengo algo mejor bajo la manga. Emida y yo vamos a hacer una audición para *The Amazing Race.* Sí, todavía sigo siendo competitivo, y no hay nadie mejor con quien preferiría salir en un programa de televisión real que con mi esposa. Asegúrese de estar en mi lista de correo electrónico (cafewriter.com) y le mantendré informado sobre mi carrera en el programa de televisión.

Capítulo 20: La verdadera libertad y su futuro poderoso.

No hay una fórmula mágica. No hay un camino rápido a las riquezas en línea o fuera de línea. Bueno, podría haberlo, pero todavía no lo he encontrado.

Construir un negocio sólido, sostenible y exitoso lleva tiempo. ¿Las historias de éxito de la noche a la mañana de las que ha oído hablar? Siempre hay una historia de fondo que no es tan glamorosa. Ha escuchado las historias de "Me quedaban los últimos $ 6 en mi cuenta corriente y luego descubrí la fórmula secreta del márquetin", ¿verdad? Las verdaderas historias de andrajoso a rico implican mucho más que eso.

Iba a llamar a este capítulo "Libertad verdadera y su futuro *rentable*", pero ¿sabe qué?

Obtendrá mucho más que un negocio rentable si adopta e implementa las ideas de este libro.

El dinero es bueno. Me encanta ganar mucho y estoy seguro de que a usted también. Sin embargo, la forma en que yo lo veo, el dinero es simplemente un subproducto natural de lo que sucede cuando se opera con integridad a largo plazo.

Mucho más allá del dinero y de las cosas maravillosas que puede hacer con él, usted experimentará la verdadera libertad y un futuro poderoso cuando ponga a trabajar estas 11 Grandes Ideas.

Esto es lo que quiero decir con "**P.O.D.E.R.O.S.O.**":

<u>P</u>ersonas:

Entre más alto suba, conocerá a más personas geniales que hacen cosas estupendas.

Opciones:

¿Ir a Ecuador a escribir un libro? ¿Por qué no? ¿Llevar a su hijo de 17 años a Groenlandia por capricho, porque quiere ir? Hágalo. (Yo recomiendo sobremanera aquel lugar. ¿Verdad, Alex?)

Oportunidades Mundiales:

Tómese un año libre para ser voluntario en el extranjero (sin tener que depender de amigos y familiares). Envíe a sus hijos a un internado...en París. Vaya con ellos. Desarrolle asociaciones comerciales en continentes que aún no ha conocido. Quédese en las casas de esas personas cuando vaya a esos lugares.

¡Exuberancia de por vida!

Experimentará vibraciones muy energizantes cuando usted esté en la región, haciendo el trabajo para el que fue llamado.

Riquezas:

No sólo la riqueza material. La buena salud. Mente sana. Feliz. Satisfecho. *Relaciones* valiosas. (De *eso* se trata—las relaciones).

¡Diversión!

No se me ocurre nada más divertido que sumergirse en un trabajo significativo y productivo. ¿Pasatiempos? En realidad, no tengo ninguno. ¡El trabajo es mi favorito! (Requisito de referencia de los *Elfos*.)

Fe Inquebrantable:

La fe en la abrumadora creencia que el plan que se ha establecido para tu vida es grandioso. Esto lo impulsa todo.

Amor:

Cuando hace un trabajo que ama, se siente más realizado, piensa con más claridad, está más sano, sus relaciones son mejores, y tendrá más amor para dar.

♪ Todo lo que usted necesita es amor. ♪ ¿Verdad?

El amor y el dinero… hacen que el mundo gire.

Capítulo 21: El mundo espera

"Ellos piensan que colgó la luna".

Esas palabras se quedarán grabadas en mi corazón por el resto de mis días, y nunca olvidaré la forma en que me sentí cuando me las dijeron. Fue a principios de septiembre de 1989. Acababa de terminar un verano vendiendo y dirigiendo una organización de 25 estudiantes universitarios de la Universidad de Wisconsin Madison y la Universidad de Illinois, trabajando con Southwestern Advantage.

Tenía 22 años, reuní un poco más de 20.000 dólares en 12 semanas, y estaba a punto de embarcarme en el viaje de mi vida. Un viaje de mochilero de tres meses a través de Europa con mi amigo, John Berkoltz.

No obstante, primero tenía algunas cosas que terminar.

Mi gerente de ventas, JT Olson, y yo estábamos pasando el rato en la piscina en el patio de su casa en Brentwood, Tennessee. Nuestro pequeño grupo de 25 estudiantes había sido una de las organizaciones más productivas del país ese verano.

Tenía el barco lleno de dinero, por lo cual debería haber estado emocionado. Pero el dinero ocupó un lugar secundario debido a la forma en que me sentí cuando escuché, "Creen que colgaste la luna". JT se refería a un par de chicos de mi grupo que habían expresado su aprecio por el impacto que tuve en su verano. Aparentemente yo había dicho algunas cosas, liderando con el ejemplo, los ayudé con sus actividades en las ventas. Ni siquiera fui consciente de ello hasta que él me lo dijo.

Cada vez que me pregunto si lo que estoy haciendo hace alguna diferencia, me digo a mí mismo, "recuerda la piscina", y ese recuerdo me vuelve a inundar. (Si estás leyendo esto, JT, ¡gracias!)

Ese momento en el tiempo me confirmó que quería tener una carrera en los negocios de alguna manera. Ventas, márquetin, enseñanza de negocios de algún tipo (no de redacción—fueron 15 años antes de que escuchara ese término). Sabía que el dinero sería bueno, y lo ha sido.

Lo más importante, sería capaz de aprovechar cualquier talento que tuviera para impactar a los demás. Yo también quiero eso para usted. No sé cuáles son sus talentos y habilidades. No sé si usted es redactor, orador profesional, asesor de negocios, especialista en marcas, diseñador gráfico, arquitecto de sitios web o consultor.

No importa cuál sea su negocio, puedo decirle lo siguiente.

Se trata de la gente. Se trata de las relaciones. Se trata de su impacto en el mundo. Se trata de "encontrar su grial". El dinero aparecerá. ¿Las otras cosas? Eso es lo que realmente importa. Eso es lo que yo quiero para usted.

El mundo espera sus talentos.

Haga que suceda.

Expresiones de gratitud

"Ningún hombre es una isla…" escribió John Donne en 1624. Mientras yo escribía este libro en soledad, durante 10 semanas en un apartamento tipo estudio en Quito, Ecuador. Tengo una deuda de gratitud con varias personas por ayudarme a llegar a este punto.

Gracias a Ed Estlow por animarme, creer en mí y ser un consejero especial. Nos hicimos amigos inmediatamente después de conocernos en línea en 2011, y ha sido muy grato conocernos mejor desde entonces. Nuestras continuas charlas me mantienen enfocado y avanzando.

A mi querida amiga Tanya MarCia. Nuestra reunión durante el desayuno, cuando fue el ímpetu del Copywriter Café, tus consejos e ideas siempre son acertadas. Gracias por todo lo que has hecho por mí y por inspirarme con las grandes cosas que tú y Fritz están haciendo en su negocio.

Para Leanne Rumsey, tú me has brindado tantos consejos sobre negocios en los últimos años que no sé si alguna vez podré recompensarte. No obstante, y más allá de eso, tu amistad significa mucho para mí. Gracias.

A Kelvin Parker, mi buen amigo, confidente y mentor de negocios. Tú has ampliado mi pensamiento, has llenado mis vacíos de conocimiento (los cuales eran muchos), y me has conectado con oportunidades que de otra manera nunca hubiera tenido. También eres el mejor guitarrista que conozco, y mis amigos que no son redactores creen que conozco a una auténtica estrella del rock.

A Michael Beil, quien se encargó de todas las cosas técnicas que no entendía al principio. Tu pasión por la vida y tu fe me inspiran, y estoy orgulloso de llamarte amigo.

A Cyndi Fine, quien me dibujó un mapa mental al reverso de una servilleta en True Coffee en Fitchburg una nevada mañana de febrero. Tuviste más visión de la que yo podía ver en ese momento, y muchas de esas ideas se han hecho realidad. Gracias también por ayudarme con mi primer retiro y por ser mi amiga todos estos años.

A Dan Jones, mi viejo amigo, mi primer mentor, y una buena persona. Gracias por tu persistencia en tratar de devolverme la llamada en 1986. Mi vida cambió para siempre como resultado. Te aprecio, hombre.

A Frank Monzo, la primera persona quien me enseñó a vender. No tienes idea del impacto que tuviste en mí. Pensé que eras más grande que la vida cuando nos conocimos, y todavía pienso lo mismo 31 años después.

A JT Olson, el hombre que me dio la oportunidad de ser líder en 1988. Ese verano y el año siguiente pusieron las ruedas de mi futuro en marcha. No me habría dedicado a las ventas si no fuera por ti, y tampoco tendría el negocio que tengo hoy. Gracias por darme un gran ejemplo en los negocios y en la vida.

Para Sam Horn, autor de "¡Pop! Crea el argumento perfecto, el título y el eslogan de cualquier cosa." Gracias por dedicarme una hora a través de una llamada por Skype. Todavía no nos conocíamos, pero me diste generosamente tu tiempo, consejos y sabiduría empresarial. Me previniste de poner un título a este libro que no habría resultado tan efectivo. ¡Gracias!

A Gary Hennerberg, la leyenda de la redacción y la publicidad. Tu presentación un jueves por la noche en noviembre de 2008, en una conferencia en Delray Beach fue mi momento decisivo. Tú estabas viviendo la vida que yo quería, y decidí en ese mismo momento que dejaría mi trabajo a tiempo completo dentro de seis meses y me lanzaría de cabeza a la redacción. El 30 de marzo de 2009, lo hice. Gracias.

A Ed Gandia, un extraordinario redactor publicitario y orientador. Puede que no lo recuerdes, pero en una llamada telefónica en agosto de 2013, yo estaba indeciso sobre qué dirección tomar con mi negocio. Después de hablar contigo durante una hora, me animaste a seguir con el asesoramiento. Ha sido un camino gratificante hasta ahora, así que me alegro de haber escuchado tu consejo. Gracias por ser un modelo a seguir.

Y finalmente, a mi hermana, Chris, por enseñarme a leer cuando tenía cuatro años. Gracias por jugar a la "escuelita" en el sótano cuando éramos niños. Me ayudaste a comenzar, y nunca he parado o disminuido la velocidad desde entonces.

Sobre el Autor

Culpo de todo a ese pasaje de ida.

Era a principios de septiembre, acababa de ganar un montón de dinero durante el verano, y estaba listo para un serio cambio de ritmo.

Mi último semestre de universidad tendría que esperar.

Hice lo que cualquier joven de 22 años con ansias de viajar y sin responsabilidades haría. Compré un pasaje de Eurail, empaqué una pequeña mochila con las cosas esenciales y me subí a mi primer vuelo transatlántico.

Esto casi me arruina, de la mejor manera posible.

Para siempre, desde entonces nunca he podido pasar más de seis meses sin una aventura de algún tipo. Esos tres meses fueron un torbellino de nuevas experiencias y emociones incesantes al momento en que mi amigo y yo visitamos catedrales, museos y uno o dos bares en aquel continente. Conocimos gente interesante en el camino, e hice algunos amigos para toda la vida.

Volvimos a casa, sin dinero, y terminé la universidad.

Mi objetivo era ser millonario a los 40 años, puesto que ya tenía experiencia en ventas, pensé que era el camino más rápido hacia la riqueza. Podría haber sido lo hice bastante bien.

Pero estaba intranquilo. Quería hacer lo mío, dirigir mi propio negocio. Hacer el trabajo y la vida según mis términos, no bajo un horario y una estructura corporativa. Era un excelente aprendizaje para negocios, pero demasiado restrictivo y asfixiante para mis gustos.

Aunque nunca me propuse ser escritor o independiente, no tenía elección. Si iba a continuar realizando aventuras al estilo de los 22 años hasta los 40 y 50 años, tenía que hacer un cambio.

Lo hice, y mi vida nunca ha sido la misma.

Afortunadamente, mi esposa, Emida, ha estado a bordo de este plan desde el principio. Cuando nos casamos ella sabía que yo tenía grandes ambiciones, ideas diferentes, y una acentuada racha de individualismo.

Estamos en la misma página, en realidad, ya que ella es una artista de murales y opera de forma muy parecida a la mía. ¡Imagínese, un escritor y una artista, intentando hacer un viaje de amor y vida! Eh aquí, la referencia para bromas del artista muerto de hambre…sí, la mayoría de la gente nos vio camino directo hacia el asilo de pobres.

Ha sido un viaje desenfrenado, y hemos tenido nuestra temporada de altibajos, pero sobre todo de crecimiento. Hemos llevado a nuestros cuatro hijos por todo el mundo, una vez a cuatro continentes en 48 horas. La mayoría de la gente hace el viaje reglamentario a Disneylandia. Nosotros los llevamos a Nigeria por tres semanas, y a Ecuador por todo un verano. Nuestros hijos nos han visto trabajar en casa desde pequeños, y pensaban que todos se iban cuando querían. Emida y yo no hemos tenido un empleo desde 2009, y no lo tendremos, de ninguna manera.

Hoy en día, dirijo Café Writer, una vibrante comunidad de desarrollo de negocios para profesionales creativos. Ayudo a la gente a convertirse en expertos reconocidos en su pequeño rincón del mundo. Escribo libros, y viajo mucho, a veces con Emida o los niños, a veces solo.

La vida es bondadosa.

Todavía estoy locamente enamorado de Emida. Tres de nuestros hijos están ahora en la universidad, y uno ya culmino la universidad y está abriéndose camino en Los Ángeles. No es de extrañar que todos sean autónomos por derecho propio. Tenemos un actor, un bailarín, una artista, y una estudiante universitaria de 16 años que tiene planes mucho más grandes que los que yo tenía a esa edad.

Esta es mi historia de cómo hice que la vida de un profesional independiente funcionara para mí. Sin importar cuáles sean sus esperanzas y planes, sé que puede funcionar para usted también.

www.ingramcontent.com/pod-product-compliance
Lightning Source LLC
Chambersburg PA
CBHW061156240326
R18026500001B/R180265PG41519CBX00008B/9